Christian Mayer

Cybermobbing und Schule

Die Bedeutung von Cybermobbing in der Oberstufe für das österreichische Schulwesen und die Lehreraus- und -fortbildung

Diplomica Verlag GmbH

Mayer, Christian: Cybermobbing und Schule: Die Bedeutung von Cybermobbing in der Oberstufe für das österreichische Schulwesen und die Lehreraus- und -fortbildung, Hamburg, Diplomica Verlag GmbH 2013

Buch-ISBN: 978-3-8428-8259-1
PDF-eBook-ISBN: 978-3-8428-3259-6
Druck/Herstellung: Diplomica® Verlag GmbH, Hamburg, 2013

Bibliografische Information der Deutschen Nationalbibliothek:
Die Deutsche Nationalbibliothek verzeichnet diese Publikation in der Deutschen Nationalbibliografie; detaillierte bibliografische Daten sind im Internet über http://dnb.d-nb.de abrufbar.

© Diplomica Verlag GmbH
Hermannstal 119k, 22119 Hamburg
http://www.diplomica-verlag.de, Hamburg 2013
Printed in Germany

Die vorliegende Studie befasst sich mit der Thematik von Cybermobbing bei Jugendlichen und daraus folgenden Konsequenzen für die Aus- und Fortbildung von LehrerInnen. Das Ziel der Studie besteht darin nachzuweisen, dass das herkömmliche Ausbildungsangebot zuwenig auf das Phänomen Cybermobbing eingeht. Untersucht wurde inwieweit Jugendliche im Alter von 13 bis 19 Jahren von Cybermobbing betroffen sind und an wen sie sich dabei um Hilfe wenden. Die Methode der Untersuchung bestand aus einer quantitativen Untersuchung mittels eines Online-Fragebogens für alle SchülerInnen an der Handelsakademie, Handelsschule und Höheren Lehranstalt für wirtschaftliche Berufe in Landeck/Tirol/Österreich. Diese umfangreiche Untersuchung bestätigte die Hypothese, dass Cybermobbing ein sehr ernst zu nehmendes Thema unter Jugendlichen ist und dass die Unterrichtenden bislang zu wenig auf dieses Problem vorbereitet sind.

Inhaltsverzeichnis

1. Einleitung

Der Computer ist aus unserem Leben und aus der Lebenswelt von Jugendlichen und auch Kindern nicht mehr wegzudenken. Das Internet, die technischen Neuerungen im Software-bereich bei Laptops, PCs und Handys ergeben immer mehr Möglichkeiten. Das Internet hat unser Leben verändert und junge Menschen werden mit diesem Medium bereits als Klein-kinder konfrontiert. Ein Leben ohne Internet und dessen Nutzungsmöglichkeiten erscheint mittlerweile unmöglich. Die JIM Studie (Jugend, Information und Medien), die jährlich vom medienpädagogischen Forschungsverbund Südwest Baden-Württemberg erstellt wird, stellt für 2012 fest, dass in allen befragten Haushalten zumindest ein PC oder ein Laptop vor-handen ist. Befragt wurden ca. 7 Mio. Jugendliche im Alter von 12 bis 19 Jahren.[1]

Social Communities sind ein wesentlicher Teil davon. Sie sind eine zentrale Möglichkeit, in Verbindung mit Gleichaltrigen zu treten. Sie bieten durch die technischen Möglichkeiten viele Arten des Austausches, sie sind jederzeit und fast überall einsehbar und einsetzbar. Das Kommunizieren, Bilder, Filme und Daten auszutauschen, ist sehr einfach geworden, sodass es fast keine Barriere gibt, um diese Communities und ihre riesig großen Austauschmöglich-keiten nicht nutzen zu wollen. In diesen Gemeinschaften kann sich ein junger Mensch selbst darstellen. Es werden ihm die Plattformen geliefert sich sein Profil zu erstellen. Mit Profil ist nicht gemeint nur „ein Foto" von sich ins Netz zu stellen, sondern es geht um eine „Eigen-präsentation". Ohne diese Präsentation der eigenen Identität in der Online-Welt, die nicht un-bedingt der realen entsprechen muss, besteht die Gefahr nicht gesehen und beachtet zu werden. Ein wesentlicher Teil der Lebenswelt von Jugendlichen hat sich in die „Online-Welt" verschoben.

Diese ist bunt und schillernd und unendlich vielfältig mit einem riesigen Potenzial der Selbstinszenierung. Und gleichzeitig ist diese Welt bedrohlich, weil Jugendliche bei Nichtbe-achtung von einigen Spielregeln schnell ausgegrenzt werden oder selber zu Tätern werden können, ohne dass es ihnen bewusst sein muss. Jedenfalls können sich Jugendliche und Kinder fast nicht mehr diesen Medien entziehen. Sie müssen lernen in der „Online-Welt" zu bestehen und sich dort ihren Platz zu erobern. Das Leben in der „Offline-Welt" ist dadurch komplexer geworden.

Gewalt und Gewalterfahrungen sind aus dem Leben und Alltag von Jugendlichen nicht weg-zudenken. Auch wenn äußerlich wenig darauf hindeutet, dass es Konflikte gibt, sind junge

---

[1]http://www.mpfs.de/fileadmin/JIM-pdf12/JIM2012_Endversion.pdf [30.12.2012]

Menschen in ihrem Alltag immer wieder mit Formen von Gewalt, insbesondere auch in der Cyberwelt, konfrontiert.

In dieser Arbeit wird dem Phänomen des Cybermobbings nachgegangen. Dabei handelt es sich um eine Möglichkeit durch mehrere Anwendungsmöglichkeiten des Web 2.0 User des Internets zu drangsalieren.

Mobbing kann über Video-Plattformen oder Weblogs oder durch Social Communities ausgeübt werden. Cybermobbing umschließt alle diese Formen.

In der vorliegenden Arbeit liegt der Focus auf Cybermobbing in sozialen Netzwerken. Das geschieht durch alle möglichen Formen von Beschimpfungen, Bloßstellungen und Diffamierungen. Jugendliche können in Chatrooms verspottet werden, es können ganz offen Unwahrheiten verbreitet und falsche Behauptungen aufgestellt werden.

Neu an dieser Form von Mobbing ist, dass es sich auf einer speziellen Ebene abspielt, in die Erwachsene oft keinen Einblick haben. Während früher die Drangsalierungen in der Schule, am Schulhof im Schulbus mit dem Nachhausekommen ein Ende fanden, ist Cybermobbing ein „Rund-um-die-Uhr"-Phänomen. Mobbing endet eben nicht an der Haustür oder an der Kinderzimmertür, sondern ist immer und zu jeder Uhrzeit vorhanden. Das Internet ist immer und fast überall zugänglich. Die Erfahrungen eines solcherart gemobbten Kindes oder Jugendlichen sind, dass ein Entkommen nicht möglich ist. Ein Laptop oder ein Handy mit Internetzugang verschafft denjenigen, die ein Opfer im Visier haben, jederzeit die Möglichkeit Gemeinheiten zu verbreiten. Es gibt in der Online-Welt kein Entkommen und Jugendliche leben in dieser Welt.

In der Studie an der Handelsakademie, Handelsschule und Höheren Lehranstalt für wirtschaftliche Berufe in Landeck/Tirol zur Thematik Cybermobbing werden einige Facetten und Auswirkungen dieses ernsten Themas beleuchtet. Im Mittelpunkt der Problemlösungsstrategien stehen die Untersuchungen darüber, inwiefern sich die befragten Jugendlichen bei Mobbingproblemen an LehrerInnen wenden. In einem weiteren Teil stehen allgemeine Hilfestellungen im Blickpunkt. Besonderes Augenmerk wird auf mögliche Fort- und Weiterbildungen von Unterrichtenden gerichtet. Als Beispiel für eine Eigeninitiative an der befragten Schule bezüglich Sensibilisierung für das Thema Mobbing im Internet wird ein Cybermobbing-Workshop vorgestellt.

Inwieweit Erwachsene zum Teil hilflos diesen Mobbing-Tatsachen gegenüberstehen, wird auch Teil dieser Arbeit sein. Kinder und Jugendliche reagieren verblüffend ähnlich auf das Phänomen Cybermobbing. Während es natürlich logisch ist bei Problemen die Eltern um Hilfe zu fragen, scheint es, als ob hier die Problemlösung nur bei sich selber gesucht wird. In die virtuelle Welt werden Erwachsene nicht einbezogen. Alles was hier erlebt wird, sei es positiv oder negativ, bleibt ein Taburaum.

Dabei wäre es nachvollziehbar, dass sich betroffene Kinder und Jugendliche an ihre Lehrpersonen wenden. Cybermobbing geschieht rund um die Uhr. Also auch in der Schule, im EDV Raum, in der Bibliothek bei der Arbeit am PC, am eigenen Laptop und natürlich am Handy. Lehrpersonen sind kompetente Ansprechpartner für viele Probleme. Da die technischen Errungenschaften von Computern und die Möglichkeiten des Internets Teil der Schule und des Unterrichts sind, muss besonders die Medienkompetenz in der Schule gefördert werden. Daher ist das richtige Verhalten bei Cybermobbingattacken eine Grundvoraussetzung für das Agieren in der Online-Welt.

Und trotzdem wenden sich betroffene Schülerinnen und Schüler bislang nicht an ihre Lehrer. Auch hier gilt, dass Cybermobbing von ihnen allein und individuell zu lösen versucht wird. Die Schule, die Lehrer geht das nichts an.

Der Umgang mit Computern, mit dem Internet und mit allen Neuerungen auf diesem Sektor, gehört für Jugendliche und für Schulen und Eltern selbstverständlich zum Leben. Die Verantwortung damit und der Umgang mit diesen Medien und Möglichkeiten werden vernachlässigt oder gar nicht thematisiert. Cybermobbing und die Gewalt, die darin vorkommt, sind ein sehr ernst zu nehmendes Thema. Die Welt der Erwachsenen muss sich mit der Cyberwelt der Jugendlichen vernetzen, um den Problemen, mit denen junge Menschen nicht klarkommen, entgegen treten zu können.

Nayla Fawzi meint dazu in ihrem Buch *Cyber-Mobbing, Ursachen und Auswirkungen von Mobbing im Internet*: *„Manchem mag Cyber-Mobbing nur als ein Modewort für einen herkömmlichen Sachverhalt erscheinen. (…) Was vorher im privaten Bereich, auf dem Schulhof oder dem Nachhauseweg stattfand, steht jetzt im Netz: für alle sichtbar und meist nicht rückholbar. Das Wissen darum ist für viele Betroffene meist schlimmer als das Mobbing selbst."*[2]

---

[2] Nayla Fawzi, Cyber-Mobbing, Ursachen und Auswirkungen von Mobbing im Internet, Baden-Baden 2009, Seite 4

2. Annahme und Fragen

In der vorliegenden Studie geht es um das Thema Cybermobbing und um die daraus folgenden Konsequenzen für Schule, Lehrende und Unterricht.

Cybermobbing ist deshalb für Schule und Unterricht ein relevanter Forschungsgegenstand, weil diese Form von Mobbing nicht nur auf bestimmte Zeiten beschränkt ist, sondern rund um die Uhr ausgeübt wird. Das Opfer und der Täter sind durch die neuen Technologien immer online und somit bekommt diese Form von Ausgrenzung und Gewalt eine neue Dimension. Das heißt, dass sich Schule nicht davor verschließen kann. Mobbing beschränkt sich nicht nur auf den privaten Raum von Jugendlichen. Die Opfer werden auch in der Schule und im Unterricht gemobbt. Den Lehrerinnen und Lehrern müssen Werkzeuge in die Hand gegeben werden, um mit diesem Phänomen umgehen zu können. Die Schulgesetze und die Lehrpläne müssen auf diese Tatsachen eingehen und entsprechend adaptiert werden.

In dieser Arbeit werden schon jetzt bestehende Ansätze zu Hilfestellungen vorgestellt. Diese finden in Form von internen Lehrerfortbildungen an Schulen statt oder durch lokale Weiterbildungsmöglichkeiten, wie durch den Verein des Tiroler Bildungswesens. Des Weiteren wird auf die momentane gesetzliche Lage im österreichischen Schulwesen, wie z.B. das Schulunterrichtsgesetz oder den neuesten Medienerlass von 2012 eingegangen.

Außerdem wird die Brisanz und die Relevanz von verschiedenen Formen von Cybermobbing, die Schülerinnen und Schüler in ihrem Alltag erleben, herausgearbeitet. In dieser Studie werden Lösungsstrategien aufgezeigt, deren sich die Jugendlichen bedienen. Dabei wird auf ihr mangelhaftes Wissen eingegangen, wie sie sich gesetzeskonform schützen könnten.

Die relevanten Fragen zu diesem Thema lauten:

Welche Formen von Cybermobbing erleben Schülerinnen und Schüler von Mittleren und Höheren Schulen im Alter von 13 bis 19 Jahren?

Wie schützen sich betroffene Jugendliche vor Cybermobbing und an wen wenden sie sich um Hilfe?

Welche Kompetenzen müssen Schülerinnen und Schüler erwerben, um sich vor Cybermobbing richtig und gesetzeskonform schützen zu können?

Ist die Institution Schule auf Mobbing durch moderne Informationstechnologien in sozialen Netzwerken vorbereitet?

Meine Annahme lautet:

Schülerinnen und Schüler von mittleren und höheren Schulen, die entweder als Opfer oder als Täter mit Cybermobbing in Kontakt gekommen sind, sind mit ihren Problemen bislang weitgehend auf sich allein gestellt. Hilfestellungen von Lehrerinnen und Lehrern werden selten bis überhaupt nicht in Anspruch genommen, weil der Institution Schule in dieser Frage zu wenig Kompetenz zugetraut wird. Bereits geschaffene Hilfeleistungen sind den Schülerinnen und Schüler zu wenig bekannt. Auf die moderne Ausübung von Gewalt in Form von Cybermobbing wird im österreichischen Schulunterrichtsgesetz und im Medienerlass nicht eingegangen.

Meine Motivation für eine Befassung mit diesen Fragestellungen – mit der daraus folgenden Hypothese, dass Schule trotz vermehrtem Einsatz von neuen Technologien im Unterricht derzeit noch nicht mit der Thematik Cybermobbing umgehen kann – liegt für mich in meiner Unterrichtstätigkeit. Ich musste als Lehrer und Klassenvorstand feststellen, wie Schülerinnen und Schüler immer öfter Mobbingopfer in sozialen Netzwerken geworden sind und welche Auswirkungen das für die Schule hatte. Gleichfalls konnte ich beobachten, dass es sehr lange dauerte, bis sich die Betroffenen an LehrerInnen um Hilfe wandten.

Die gesellschaftliche Relevanz ist bei diesem Thema sehr groß. Wie Studien der Europäischen Union, z.B. Kids-Online (hier wurden 23.000 Kinder und Jugendliche aus ganz Europa befragt) oder Studien aus Deutschland wie die alljährliche JIM-Studie (Jugend, Information und Medien) des medienpädagogischen Forschungsverbundes Südwest Baden-Württemberg (hier wurden ca. sieben Millionen Jugendliche interviewt) für das Jahr 2011 feststellen, gibt es in allen befragten Haushalten zumindest einen PC, Laptop oder ein internetfähiges Handy. Diese technischen Ausstattungen sind die Grundlage, um in sozialen Netzwerken von zuhause aus aktiv sein und somit auch Mobbingopfer oder Mobbingtäter in der Cyberworld von Jugendlichen sein zu können.

Forschungslücken sehe ich in dem Bereich Schule. Cybermobbing wird zu sehr im privaten Raum von Schülerinnen und Schülern verortet, ohne dabei die Relevanz für die Schule zu sehen. Es gibt noch zu wenige Studien in Österreich, die es sich zur Forschungsaufgabe gemacht haben Cybermobbing bei Jugendlichen und dessen Bedeutung für Schule und Lehrerfortbildung zu erforschen.

Die **Untersuchungsmethoden:**

1) *Auswertung der Ergebnisse des Onlinefragebogens über Cybermobbing in sozialen Netzwerken.* Durchgeführt wurde die vorliegende Befragung an der Handelsakademie, Handelsschule und Höheren Lehranstalt für wirtschaftliche Berufe Landeck/Tirol vom Jänner bis Februar 2012. In diesem Fragebogen wurden 464 SchülerInnen befragt und 457 Fragebögen wurden vollständig ausgefüllt und abgeschickt. Bei der Auswertung wird der Fokus darauf liegen, inwiefern gemobbte Schülerinnen und Schüler sich Hilfe bei Lehrerinnen und Lehrer suchen.

2) *Recherche im österreichischen Schulunterrichtsgesetz bezüglich der Thematik von Mobbing durch neue Medien,* besonders bei der Problematik von Cybermobbing und der Möglichkeiten für Unterrichtende, sich mit dieser Thematik in Form von Lehrerfortbildungen auseinander zu setzen, um sie in den eigenen Unterricht als Unterrichtsprinzip einbauen zu können.

Ziel dieser Studie ist es nachzuweisen, dass das österreichische Schulsystem auf die Gefahren der neuen Technologien, den richtigen Einsatz und die Nachteile von sozialen Netzwerken und deren Einsatz im Unterricht noch nicht ausreichend vorbereitet ist. Es wird mir aber hoffentlich gelingen zu zeigen, dass es bereits sehr gute, von Lehrern in Eigeninitiative entwickelte Methoden und Formen gibt, die die Problematik aufzeigen und versuchen, mit den Jugendlichen daran zu arbeiten und sie dafür zu sensibilisieren, mit Gefahren in sozialen Netzwerken besser umgehen zu können. Ein weiteres Ziel wird sein, dass ich empirisch belegen kann, dass sich Jugendliche bei Problemen in sozialen Netzwerken, also bei Cybermobbing, bislang nicht an die Institution Schule und Lehrer wenden.

Insgesamt ergibt sich die Forderung, das Unterrichtsprinzip Medienerziehung neu zu überdenken und von Seiten der Schule nicht nur auf die Nutzung neuer Technologien einzugehen, sondern auch die Gefahren durch die vielen neuen Möglichkeiten im social-media-Bereich wahrzunehmen und durch gut informierte und ausgebildete Lehrerinnen und Lehrer den Schülerinnen und Schülern, die zu Cybermobbingopfer geworden sind, professionelle Hilfestellungen zu geben.

3. Fallbeispiel

Ausgangspunkt

Eine sehr besorgte Mutter ruft in der Schule an und schildert dem Klassenvorstand, wie ihr fünfzehnjähriger Sohn in der 1. Klasse einer BHS gemobbt wird. Die Mutter und ihr Sohn werden zur Sprechstunde am nächsten Vormittag eingeladen. Im Laufe des Gesprächs stellt sich heraus, dass sich das Gemobbtwerden des Opfers ausschließlich im Internet und hier vor allem auf der sozialen Netzwerkplattform Facebook darstellt.[3] Alle 24 KlassenkollegInnen sind auf Facebook präsent und haben dort einen Account. Alle wissen Bescheid und sind über alle Einträge informiert. Die Täter sind zahlreich, aber es kristallisieren sich drei Haupttäter heraus. Einer hat vom Opfer Fotos in der Umkleidekabine vor dem Turnunterricht gemacht, als dieses sich gerade umgezogen hat. Diese Fotos wurden auf Facebook gestellt. Ein anderer Klassenkamerad hat ein Video erstellt, das in der großen Pause im Klassenzimmer spielt. Darauf war zu sehen, wie der Mitschüler von Einzelnen gehänselt wurde und er zu schreien begann. Ebenso war auch dieses Video auf Facebook zu sehen. Auch eine Mitschülerin war als Täterin auszumachen. Sie gründete eine eigene Facebookgruppe mit dem Namen des Opfers. Darauf konnten alle MitschülerInnen Beiträge eintragen und waren ständig darüber informiert, was es Neues über das Mobbingopfer zu berichten gab.

Der Schutz des Opfers.

Im ersten Gespräch wurden die primären Schritte abgeklärt, um das Opfer so schnell wie möglich zu schützen. Das Wichtigste dabei war der sofortige Stopp des Cybermobbings. In diesem konkreten Fall waren die Eltern sehr aktiv. Die Fotos, das Video und die Facebookgruppe wurden schließlich entfernt, da die Eltern die Mitschüler ihres Sohnes und auch deren Eltern kannten. Der Klassenvorstand wusste bereits Bescheid und hatte schon ein Gespräch mit seiner Klasse und den Haupttätern geführt. Die Direktion und die Klassenlehrer wurden zum Teil über die Eltern und über den Klassenvorstand in einer schnell einberufenen Klassenkonferenz informiert. Ebenso wurden die Eltern der Haupttäter kontaktiert und zu einem Gespräch in die Schule eingeladen.

Vom Täter zum Helfer für andere

Der Anführer der Tätergruppe hatte seinerseits auch schon eine Mobbingerfahrung hinter sich. Er war als Einzelgänger in der Hauptschule den Gemeinheiten seiner Klasse ausgelie-

---

[3] Neben anderen sozialen Netzwerken findet Cybermobbing auch durch Emails, Instant Messenger, diverse Video-Portale und Handy statt. Vgl Mustafa Jannan, Das Anti-Mobbing-Buch, Seite 38 - 40

fert gewesen. Mit dem Wechsel in die höhere Schule mit komplett neuen Klassenkameraden kam er in eine andere Position und wurde nach den ersten Schulwochen sehr bald zum Meinungsbildner in seiner Klasse. Ein (neuer) Außenseiter wurde bald gefunden und er konnte nun zusehen, wie sich seine Geschichte mit Hilfe der Plattform Facebook an dem neuen Opfer wiederholte. Nach seinem Outing als früheres Mobbingopfer erzählte er seine Mobbingerlebnisse und versprach, von nun an sein Cybermobbing-Opfer in Ruhe zu lassen. Durch weitere Gespräche mit dem Klassenvorstand war es ihm möglich, seine dominante Rolle als Gruppenführer zu behaupten und sie nunmehr positiv für das Klassenklima einzusetzen.

Schlussfolgerung

Schule soll Jugendliche herausfordern und ermutigen, das Bestmögliche zu leisten. Schule soll dafür den nötigen Rahmen schaffen, dass das gelingt. Deswegen muss Schule auch eingreifen, wo Schülerinnen und Schüler Gefährdungen ausgesetzt sind. Einerseits war allen Beteiligten klar, dass die Institution Schule, vertreten durch den Klassenvorstand, den Direktor und eingeweihte Lehrer, das Opfer sofort zu schützen hatten und die Mobbingattacken einzustellen waren. Andererseits gab es vielfach ein großes Erstaunen darüber, dass es so etwas überhaupt an der Schule gab und noch dazu, dass das Mobbinggeschehen in der Klasse längere Zeit unentdeckt blieb. Die größte Verwunderung rief aber die Tatsche hervor, dass es sich hier um einen Fall von Cybermobbing handelte. Die Angriffe, Diffamierungen und das Bloßstellen des Opfers hatten schon sehr weite Kreise gezogen. In der Parallelwelt des Cyberspace war das schon lange bekannt. In der Erwachsenenwelt der Schule lief hingegen alles seinen gewohnten Gang, weil sich die betroffenen Jugendlichen weder an ihre Lehrer noch an den Klassenvorstand gewandt hatten. In der Onlinewelt wollte man die Schule als Institution draußen halten.

4. Social Communities

Social Communities oder Social Networks sind Gemeinschaften und somit Netzwerke, die es Internetusern ermöglichen, miteinander in Kontakt zu treten und diese Verbindungen auf Dauer auszubauen und zu intensivieren. Diese Netzwerke werden vom Web 2.0 technisch unterstützt. Bei sozialen Netzwerken können die User *„ein eigenes Profil*

> *anlegen und dort Informationen über sich selbst wie Hobbys,*
> *Interessen, Beruf, Wohnort usw. preisgeben. Unter den*
> *Mitgliedern können Freundschaften geschlossen,*
> *Nachrichten verschickt, Einträge an die Pinwand*
> *geschrieben und gemeinsam über verschieden Themen*
> *diskutiert werden."*[4]

Mit dem Web 2.0 (ein Ausdruck aus der Softwareindustrie und Softwaresprache) sind einige Veränderungen in der Nutzung des Internets und von Personalcomputern, Handys und Laptops vorgenommen worden. Dabei geht es nicht nur um technische und ökonomische Veränderungen, sondern vor allem um eine neue Sicht der Anwender von Inhalten im Internet.

> *„Diese Entwicklung führt dazu, dass sich die vormals*
> *deutlich getrennten Rollen zwischen Produzenten und*
> *Rezipienten, zwischen Anbietern und Nutzern medialer*
> *Inhalte nicht mehr deutlich trennen lassen, weil „the*
> *people formerly known as the audience" (Rosen 2006)*
> *selbst aktiv werden können. Bruns (2008) hat hierfür*
> *den Begriff „produsage" geprägt, um das*
> *Zusammenwachsen von „production" und „usage" zu*
> *beschreiben."*[5]

Um nun Inhalte für ein soziales Netzwerk zugänglich zu machen, benötigt der User eine Plattform, die eine Infrastruktur aufweist, durch die Kommunikation und Interaktion mit andern Usern überhaupt erst möglichwerden. Meistens genügt eine Anmeldung und Registrierung, um Teil einer Kommunikationsplattform bzw. Teil eines social networks zu werden.

---

[4] Anna Kuphal, Soziale Netzwerke und ihre Vor- und Nachteile. Speziell: „Cyber-Mobbing". Books on Demand GmbH. Norderstedt 2009, Seite 2.

[5] Jan-Hinrik Schmidt, Ingrid Paus-Hasebrink, Uwe Hasebrink (Hrsg.), Heranwachsen mit dem Social Web, Zur Rolle von Web 2.0-Angeboten im Alltag der Jugendlichen und jungen Erwachsenen. Seite 58

Soziale Netzwerke sind nicht nur auf Jugendliche ausgerichtet. Es gibt Netzwerke für eigene Berufsgruppen, um sich in Chats und Foren austauschen zu können. Speziell für SchülerInnen und StudentInnen sind Schüler VZ und Studi VZ eingerichtet. Sehr breit ausgelegt sind die Netzwerke Facebook und MySpace. Es gibt auch soziale Netzwerke, die auf kulturelle und religiöse Eigenheiten Rücksicht nehmen. So versuchen sich Network Communties von der Türkei ausgehend im muslimischen Raum zu etablieren. Ein Beispiel dafür ist Salamworld.com. Neu auf dem Markt der Social Communities ist Google+, ein Unternehmen von Google Inc. Der Konzern Google versucht mit Google+ auch in diesem Bereich Fuß zu fassen und versucht vor allem mit Facebook in Konkurrenz zu treten.

Google+ startete im Juni 2011 und ist ein noch sehr junges Netzwerk, das aber inzwischen nach eigenen Angaben 40 Millionen Benutzer hat. Seit dem 30. Jänner 2012 erlaubt Google+ auch Minderjährigen die Teilnahme. Davor war nur Erwachsenen der Zutritt möglich.

Die größte social community ist nach wie vor Facebook. Neben der Beliebtheit von Facebook wuchs in den letzten Jahren auch zunehmend die Kritik. Einer von vielen Kritikpunkten lautet, dass alles, was auf Facebook gespeichert wurde, über den Tod des Users hinaus erhalten bleibt. 40.000 Großserver weltweit sorgen dafür, dass die Speicherung möglich ist. Facebook ist ein Riesengeschäft. 2011 gab es einen Gewinn von einer Milliarde Dollar.[6]

Der Unterschied zum Konzern Google besteht darin, dass „*Facebook dagegen noch mehr weiß und noch sehr viel mehr über seine Nutzer – und das in Echtzeit. Dort kennt man unsere Namen, unser Alter, unsere Interessen, Bedürfnisse Vorlieben und Abneigungen noch sehr viel besser, sodass der Konzern Werbung weit genauer platzieren kann. Für die Werbeindustrie bedeutet dies langfristig den Abschied von der Belästigung durch unerwünschte Werbung, denn Facebook bindet die Konsumenten ein. Der „Gefällt mir"- oder „Like"-Button hat inzwischen 350000 Websites erobert. Wenn ich beispielsweise bei einem Musikvideo auf „Gefällt mir" klicke, sind alle meine Facebook-Freunde sofort über meinen musikalischen Geschmack informiert."* [7]

---

[6] Vgl. Der Standard. 3. Februar 2012, Seite 16.

Ein weiterer Kritikpunkt ist die Tatsache, dass der User in Facebook aktiv bleiben muss. Wer sein Profil nicht ständig updatet und in Kontakt mit anderen bleibt, ist ein „Unfriend"[8] Sollte der Ruf in Facebook einmal ruiniert sein, kann man ihn gegen einigen finanziellen Aufwand wiederherstellen lassen. Auch das hat sich inzwischen als ein lukrativer Geschäftszweig etabliert.

Anfang Mai 2012 ging Facebook an die Börse. Das Unternehmen, das vor 8 Jahren gegründet worden ist, wird auf einen Marktwert von 100 Milliarden Dollar geschätzt. Laut den Börseunterlagen zählt die Plattform bereits 845 Millionen User. Davon loggen sich täglich 425 Millionen Menschen ein. In Österreich sind es 2,7 Millionen Teilnehmer. Der Börsengang erwies sich allerdings als Flopp.[9]

Die Probleme bei social communities zeigen sich bei Jugendlichen im sorglosen Umgang mit persönlichen Daten und Daten von anderen.

Die alljährliche Umfrage des Medienpädagogischen Forschungsverbandes Südwest, die in der JIM-Studie 2011 (Jugend Information, (Multi-) Media. Basisuntersuchungen zum Medienumgang 12- bis 19-jähriger Jugendlicher) für 2011 veröffentlicht worden sind, zeigen, dass sich das Sicherheitsbewusstsein der jugendlichen User nicht sehr stark verbessert hat. So geben noch bis zu 37 Prozent der Befragten an, dass sie die eigene Emailadresse angeben und bis zu 4 Prozent geben noch immer ihre eigene Handynummer an. Bis zu 83 Prozent informieren über eigene Hobbies und andere Tätigkeiten. Bis über 50 Prozent stellen Fotos und Videos von sich und ihrer Familie auf die Community Plattformen. Diese Studie berücksichtigt auch das Anbahnen von sexuellen Kontakten zwischen Minderjährigen und Erwachsenen, das sogenannte „Grooming". Seit dem ersten Jänner 2012 wird das „Cyber-Grooming" in Österreich allerdings unter Strafe gestellt.[10]

---

[7] Sascha Adamek, Die Facebook Falle. Wie das soziale Netzwerk unser Leben verkauft. München 2011, Seite 21.

[8] Sascha Adamek, Die Facebook Falle, Seite 22.

[9] http://www.focus.de/finanzen/news/facebook-boersengang-wird-zum-flop_aid_756915.html [29.10.2012]

[10] http://www.ris.bka.gv.at/Dokumente/BgblAuth/BGBLA_2011_I_130/BGBLA_2011_I_130.pdf, Seite 1 [04.02.2012]

Kommunikation lebt aber vom Austausch von Informationen. Eine Social Community ist wertlos, wenn nicht Daten ausgetauscht werden dürfen: *„Die Veröffentlichung ist*

> *kein Nebeneffekt von social networks. Diese Plattformen*
> *leben vom Mitteilungsbedürfnis der User und sind genau*
> *aus diesem Zweck geschaffen worden".[11]*

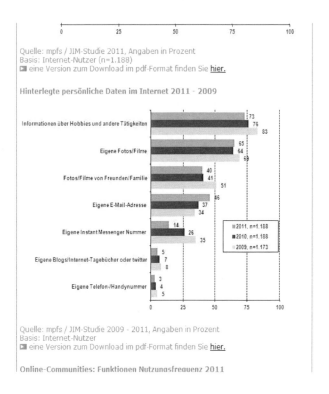

Abb. 1 Persönliche Daten im Internet nach der JIM Studie 2011

---

[11] Felix Möller, Neue Herausforderungen für die außerschulische Jugendbildungsarbeit als Reaktion auf die Mediennutzung von Jugendlichen im Web 2.0., Seite 24.

5. Cybermobbing - Definition

Der Begriff Mobbing ist schon länger ein Terminus in der Fachsprache und bezieht sich auf Übergriffe an Kindern und Jugendlichen. Seine ursprüngliche englische Bedeutung meint Anpöbeln. Im englischsprachigen Raum wird jedoch der Begriff „Bullying" für diese Form von Bedrohung und Belästigung verwendet: „Bullying definiert OLWEUS (1993: 9)

> *als negative Handlungen, die wiederholt und über einen*
> *längeren Zeitraum von einer oder mehreren Personen gegen*
> *eine Person ausgeführt werden."[12]*

Bullying wird im Englischen auch für beleidigende Aktionen im Internet verwendet. Somit setzte sich dort der Begriff „Cyber-Bulling" durch. Im deutschsprachigen Raum wird neben diesem Begriff und denselben Vorgang auch „Cyber-Mobbing" verwendet. Diese spezielle Form von Mobbing, auch als Cyber–Stalking bezeichnet, ist geschichtlich relativ neu und geht mit der Nutzung des Web 2.0 einher. Erst die Interaktivität in sozialen Netzwerken macht Cybermobbing möglich. Die Möglichkeiten, die sich durch die sozialen Netzwerke wie Netlog, MySpace, Facebook, StudiVZ, SchülerVZ und Google+ ergeben, sind vielfältig. Ebenso werden Videoplattformen wie Flickr oder YouTube missbraucht, um auf andere Menschen loszugehen und ihnen Schaden zuzufügen.

> *„Musste der Täter beim klassischen Bullying noch direkt*
> *seinem Opfer gegenüberzutreten oder doch zumindest in*
> *der wirklichen Welt gegen sein Opfer agieren, so spielt*
> *sich Cyber-Bulling in der digitalen Welt ab – mit weni-*
> *gen Mausklicks ist die Attacke erledigt. [...] Eine einmal*
> *in einem SN (= soziales Netzwerk Anm. des Verfas-*
> *sers) gegründete Gruppe wird zum Selbstläufer, ein*
> *Video bei YouTube wird ohne weiteres Zutun des Bullys*
> *von dritten verbreitet, eine E-Mail, einmal weitergeleitet,*
> *kursiert plötzlich unaufhörlich im Netz.[13]*

Cybermobbing geschieht rund um die Uhr. Während früher Belästigungen und Demütigungen durch MitschülerInnen auf die Schule, die Pausen, den Schulhof und vielleicht noch auf den Nachhauseweg beschränkt waren, hört heute diese Art von Mobbing nicht mehr auf.

---

[12] René Stephan, Cyberbulling in sozialen Netzwerken, Maßnahmen gegen Internet-Mobbing am Beispiel von schülerVZ, Seite 16

[13] René Stephan, a. a. O. Seite 16.

Sie erfolgt rund um die Uhr. Die kommunikativen, gestalterischen und neuen produktiven Möglichkeiten in Online–Welten bieten eine Erweiterung des medialen Agierens von Jugendlichen. Ein wesentliches Merkmal dieser neuen Arten des Beleidigens (Flaming), Bedrohens (Cyberthreats) und des Bloßstellens (Outing, Trickery) ist, dass es über einen längeren Zeitraum geschieht. Dies hängt damit zusammen, dass es fast nicht möglich ist, den oder die Täter, wenn sie nicht allzu ungeschickt agieren, zu fassen. Die Möglichkeiten des Internets sind sehr vielfältig. Es genügt z.B. sich ein „Fake-Profil", also ein unechtes Benutzerprofil, in einem social network einzurichten (= Impersonation), um dann anonym weitere Bullyingattacken zu setzen. Dieses Wissen um die vermeintliche Anonymität erlaubt es den Tätern, brutal und ohne Hemmung vorzugehen. Die Hemmschwelle für das eigene Handeln fällt. Interessant ist dabei die Doppelrolle, die Täter einnehmen können. Das Opfer und derjenige, der die Attacken in der Online-Welt setzt, kennen sich sehr oft und können in dieselbe Schule gehen oder auch die gleiche Klasse besuchen. In der Offline-Welt fällt dem Außenstehenden nichts auf. Sobald aber mit Smartphones oder Laptops die Online-Welt betreten wird, sind die Rollen von Opfer und Cyberbully wieder offensichtlich. Bedenklich ist auch der Mitmacheffekt. Es ist sehr einfach und technisch unkompliziert, als User sein Gefallen an den Cybermobbingattacken auszudrücken. Die Mitläufer bilden das Internetpublikum, das die Bühne für Cybermobbing bildet.

Da das Internet immer zugänglich ist, können soziale Netzwerkplattformen mit beleidigenden Fotos oder Kommentaren jederzeit beliefert werden. Und ebenso kann jeder User diese Dinge sehen und kommentieren.

Cybermobbing macht natürlich nicht bei SchülerInnen halt. Ebenso können Lehrpersonen davon betroffen sein, wie es Sylvia Schneider in ihrem Buch „Gewalt. Nicht an unserer Schule, Neue Strategien zur Konfliktvermeidung und Konfliktlösung" beschreibt.[14] Es kann vorkommen, dass Schüler Lehrpersonen im Unterricht filmen und das Gefilmte bearbeiten und ins Netz stellen, um sie bloßzustellen. Hier gelten freilich klare rechtliche Richtlinien, wie das Recht am eigenen Bild. Für Lehrerinnen und Lehrer ist es wichtig, sich in diesem Bereich auszukennen und sofort geeignete Schritte zu unternehmen. Nayla Fawzi meint dazu in ihrem Buch „Cybermobbing, Ursachen und Auswirkungen von Mobbing im Internet: *„Vor allem bei Mobbing von Lehrern durch Schüler wird deutlich, dass diese*

Ansicht zutreffen kann. Kowalski et al. (2008, 62) sprechen von einem Kräfteungleichgewicht, halten jedoch fest, dass es sich in der virtuellen Welt um eine andere Macht als in der realen Welt handelt. Sie liege in der Möglichkeit anonym zu

---

[14] Sylvia Schneider, Gewalt. Nicht an unserer Schule, Würzburg 2001.

handeln, eine andere Identität anzunehmen, die Möglichkeit
zu haben über andere Gerüchte und Lügen zu verbreiten
oder jemand unabhängig von Zeit und Ort zu schikanieren.
Hinduja und Patchin (2007, 91) vermuten eine
Machtposition durch technische Fertigkeiten.[15]

Cybermobbing ist als Gesamtphänomen schwer zu beschreiben, da die Facetten der Bullyingattacken, der technischen Möglichkeiten und der Vielschichtigkeit der Rollen von Täter und Opfer sehr individuell sind. Das Gesetz hinkt mit seinen Möglichkeiten hinterher. Und die Erwachsenen, insbesondere die Lehrkräfte an den Schulen, müssen sich mit der Tatsache auseinandersetzen, dass Mobbing eine neue, weitergefasste Komplexität erreicht hat. Weiterbildung und Aufklärung sind auf diesem Gebiet unabdingbar. Die wesentliche Motivation muss die Erkenntnis sein, dass ein Opfer nicht hilflos zu sein braucht und dass es bei negativem Medienhandeln von Jugendlichen im Web 2.0. letztlich doch ausreichende Schutzmöglichkeiten für die Opfer gibt.

---

[15] Nayla Fawzi, Cyber-Mobbing, Ursachen und Auswirkungen von Mobbing im Internet, Baden-Baden 2009, Seite 33

6. Rechtlicher Tatbestand

Cybermobbing ist zwar kein eigener juridischer Tatbestand. Trotzdem können Opfer rechtlichen Beistand in Anspruch nehmen. Bei dieser Art von Mobbing gibt es verschiedene Delikte, die je nach Fall verschieden gewichtet sein können.

Sehr hilfreich ist in diesem Zusammenhang das Anti-Stalking-Gesetz (Beharrliche Verfolgung: § 107a StGB) vom 1.7.2006: *„§107a. (1) Wer eine Person widerrechtlich*
beharrlich verfolgt (Abs.2), ist mit Freiheitsstrafe bis zu
einem Jahr zu bestrafen. (2) Beharrlich verfolgt eine Person,
wer in einer Weise, die geeignet ist, sie in ihrer
Lebensführung unzumutbar zu beeinträchtigen, eine
längere Zeit hindurch fortgesetzt 1. ihre räumliche Nähe
aufsucht, 2. im Wege einer Telekommunikation oder unter
Verwendung eines sonstigen Kommunikationsmittels oder
über Dritte Kontakt zu ihr herstellt, 3. unter Verwendung ihrer
personenbezogenen Daten Waren oder Dienstleistungen für
sie bestellt oder 4.unter Verwendung ihrer
personenbezogenen Daten Dritte veranlasst, mit ihr Kontakt
aufzunehmen. (3) In den Fällen des Abs. 2 Z 2 ist der Täter
nur auf Antrag der beharrlich verfolgten Person zu
verfolgen."[16]

Es ist also nicht erlaubt, eine Person über einen längeren Zeitraum zu verfolgen und zu belästigen. Unter Verfolgung ist damit nicht nur der Tatbestand in der „realen" Welt gemeint, sondern auch in der „virtuellen". Täter glauben oft in der Internet–Welt anonym zu sein und somit auch kein Rechtsempfinden haben zu müssen. Mit diesem Gesetz ist eine solche Meinung widerlegt.

Im Österreichischen Strafgesetzbuch gibt es auch die Begriffe „Üble Nachrede" und „Beleidigung" Damit ist gemeint, dass man jemandem ein unehrenhaftes Verhalten, das gegen die guten Sitten verstößt, vorwirft. Dies ist mit Freiheits- und Geldstrafen zu ahnden.[17] Ähnlich verhält es sich bei Beleidigung und bei Verleumdung oder Kreditschädigung.

---

[16] http://www.internet4jurists.at/gesetze/bg_stgb01.htm#%C2%A7_105. [2.7.2011]

[17] Vgl http://www.jusline.at/111_%C3%9Cble_Nachrede_StGB.html [2.7.2011]

Viele Punkte, die für Cybermobbing zutreffen, sind im Cyber-Strafrecht für Österreich geregelt. Nach der letzten Änderung vom 25.3.2009 lassen sich folgende Strafdelikte feststellen:

Widerrechtlicher Zugriff auf ein Computersystem §118, Verletzung des Telekommunikationsgeheimnisses §119, Missbräuchliches Abfangen von Telekommunikationsgeheimnissen §119a, Missbrauch von Tonaufnahme- oder Abhörgeräten §120, Datenbeschädigung §126a, Störung der Funktionsfähigkeit von Computersystemen §126b, Missbrauch von Zugangsdaten §126c.[18]

Der Paragraf 207a StGB behandelt die pornografische Darstellung Minderjähriger. Dieses Delikt liegt vor, wenn z.B. sexuelle Darstellungen oder „Oben–Ohne-Fotos" vom Strand in das Netz gestellt werden, ohne dass der/die Betroffene davon weiß oder die Zustimmung gegeben hat.

Natürlich hat Cybermobbing auch mit dem Schutz der Privatsphäre eines Kindes zu tun:

> *„(1) Kein Kind darf willkürlichen oder rechtswidrigen*
> *Eingriffen in sein Privatleben, seine Familie, seine Wohnung*
> *oder seinen Schriftverkehr oder rechtswidrigen*
> *Beeinträchtigungen seiner Ehre und seines Rufes*
> *ausgesetzt werden. (2) Das Kind hat Anspruch auf*
> *rechtlichen Schutz gegen solche Eingriffe oder*
> *Beeinträchtigungen.´ KRK, Art. 16"[19]*

Die Schutzbedürftigkeit der Kinder ist Hauptgegenstand der Kinderechtskonvention.

Daneben ist dieses Recht auch im ABGB geregelt. Dort unter dem Paragrafen §1328a Recht auf Wahrung der Privatsphäre.

Das umfangreiche Mediengesetz bietet auch einiges an Schutz. Üble Nachrede, Beschimpfung, Verspottung und Verleumdung gelten auch für Websites! Hier erhält das Opfer Schadenersatz.

Das Urheberrechtsgesetz sichert einen Bild- und Briefschutz zu. Wichtig für das Internet ist das Recht am eigenen Bild. Der Paragraf §78 UrhG Bildnisschutz besagt:

---

[18] http://www.internet4jurists.at/strafrecht/straf0.htm [2.7.2011]

[19] http://www.kinderrechte.gv.at/home/im-fokus/kr-auf-schutz/privatsphaere/content.html [2.7.2011]

„(1) Bildnisse von Personen dürfen weder öffentlich ausgestellt noch auf eine andere Art, wodurch sie der Öffentlichkeit zugänglich gemacht werden, verbreitet werden, wenn dadurch berechtigte Interessen des Abgebildeten oder, falls er gestorben ist, ohne die Veröffentlichung gestattet oder angeordnet zu haben, eines nahen Angehörigen verletzt würden."[20]

Dieses Gesetz meint nicht, dass man nicht abgebildet werden darf, sondern dass eine Veröffentlichung nicht gegen den eigenen Willen erfolgen darf. Natürlich gibt es auch hier Ausnahmen. Das Wichtigste ist, dass sich die Abbildung nicht schädlich für den Abgebildeten erweist und nicht in einem negativen Zusammenhang gemacht wurde.

Weitere Schutzbestimmungen finden sich in den Jugendschutzgesetzen der Bundesländer. Allen gleich sind die Bestimmungen über die Weitergabe von Kinderpornografie und gewaltverherrlichenden Darstellungen. Jugendliche dürfen solche Inhalte auch nicht besitzen. Filmt ein Schüler, wie ein anderer Schüler Gewalt ausgesetzt ist, und stellt dieses z.B. auf seine Facebook-Seite, dann macht er sich strafbar.

Generell gelten Jugendliche bis zum 14. Lebensjahr als unmündige Minderjährige und sind somit nicht strafbar. Danach kommt das Jugendstrafrecht zur Anwendung. Eltern von Unmündigen können aber durchaus zum Schadenersatz herangezogen werden.

---

[20] http://www.jusline.at/78_Der_Urheber_UrhG.html [2.7.2011]

7. Die Umfrage an der HAK, HAS und HLW Landeck 2012

Vom 9. Jänner bis zum 6. Februar 2012 wurde an der Handelsakademie, der Handelsschule und der Höheren Lehranstalt für wirtschaftliche Berufe in Landeck eine Befragung zu Internetnutzung und zum Cybermobbing durchgeführt. Es war das erste Mal, dass versucht wurde, möglichst viele Schülerinnen und Schüler mit Hilfe eines Onlinefragebogens zu erreichen. Befragt wurden 464 Schülerinnen und Schüler. Die Gesamtsumme der vollständig ausgefüllten Befragungen beträgt 457. Die Gesamtschülerzahl betrug zum Stichtag 31. Jänner 2012 532 Schülerinnen und Schüler. Damit haben ca. 85 Prozent aller Schülerinnen und Schüler an der Befragung teilgenommen. Das Alter der Schülerinnen und Schüler reicht von 13 bis zu 19 Jahren. Auf die jeweiligen Schultypen verteilen sich die Schülerinnen und Schüler folgendermaßen: Die Handelsschule hatte 92 Schülerinnen und Schüler, die Höhere Schule für wirtschaftliche Berufe hat 187 und die Handelsakademie hat eine Schüleranzahl von 253.

Da bei den oben genannten Schulformen die Ausbildung am Computer und der Umgang mit verschiedenen Programmen zu den Kernfächern zählen, war es sinnvoll die Befragungen zum Großteil in den Fächern Informations- und Office Management bzw. anderen Computerfächern wie z.B. Wirtschaftsinformatik, Telekommunikation, Internet und Multimedia sowie im Unterrichtsfach Softwareeinsatz und Netzwerkverwaltung durchzuführen. Die Höhere Lehranstalt für wirtschaftliche Berufe hatte die Möglichkeit. neben den genannten Fächern im Fach Angewandte Informatik in den EDV-Unterrichtsräumen die Befragung durchzuführen. Eine Ausnahme bildeten die sogenannten Laptop-Klassen. Diese SchülerInnen und Schüler verwenden im Unterricht ihren eigene Laptop und sind per WLAN online, sodass sie in den Klassenräumen die Umfrage beantworten konnten.

Der Fragebogen beinhaltet neben soziodemographischen Fragen vor allem Fragestellungen zur Internetnutzung und zu Cybermobbing. Er besteht aus 11 Pflichtfragen, wobei der Hauptteil der Fragen auf die Thematik von Cybermobbing abzielt.

Es wurden die Schüler danach befragt, ob sie selbst schon erlebt haben, dass jemand aus ihrem Freundes- bzw. Bekanntenkreis gemobbt wurde oder ob sie an sich selber schon diese Form des Mobbings erlebten. Andere Fragen zielten darauf ab, inwieweit sie selber auch schon mal Täter waren und andere User beschimpft oder auf irgendeine Art bloßgestellt haben.

Bei der Frage nach Strategien, wie man als von Cybermobbing Betroffener reagieren kann, um dieses Problem zu lösen, wurden mehrere Antwortmöglichkeiten angeboten. Diese zielten darauf ab, die Kompetenz zu erfragen, inwiefern sich Betroffene richtig schützen und wehren können. Die Möglichkeiten reichten von es selbst zu erledigen bis zur Inanspruchnahme von Hilfestellungen durch Eltern oder Lehrer.

Ein weiterer Fragenkomplex waren Fragen zur Selbstwahrnehmung bzw. zur Selbsteinschätzung, wie man als User mit seinen Daten und den Daten von anderen bei sozialen Netzwerken umgeht. Befragt wurde die Kompetenz, wie hoch das Wissen der Schüler über Sicherheitseinstellungen und die Weitergabe sensibler Daten ist.

Bei der Interpretation wurden die Geschlechter berücksichtigt. Es kam bei Mädchen und Burschen doch zu einigen Unterschieden in der Beantwortung der Fragen. An den drei Schultypen befinden sich mehr Mädchen als Burschen. An der Befragung nahmen 340 Mädchen und 123 Burschen teil. Das entspricht der Verteilung an den drei Schultypen. Insgesamt gab es zum Stichtag 8.Jänner 2012 397 Schülerinnen und 135 Burschen.

Die Stichprobengröße: n=457

Die Umfrage ist somit repräsentativ für österreichische Jugendliche im Alter von 13 bis 19 Jahren.

Die Studie über die Internetnutzung und Cybermobbing an der HAK, HAS und HLW Landeck wurde in Eigeninitiative vom Autor und mit Genehmigung und Unterstützung der Direktion durchgeführt.

7.1. Soziodemographische Daten

7.1.1. Geschlecht

Bei der Abfrage nach dem Geschlecht wird der Überhang der weiblichen Schüler deutlich. Die Umfrage haben 340 Mädchen und 123 Burschen beantwortet.

Dies ist dadurch zu erklären, dass den Schulzweig der Höheren Wirtschaftlichen Lehranstalt überwiegend Schülerinnen besuchen. Es gab in diesem Schultyp mit 6 Klassen im Schuljahr 2011/ 2012 178 Schülerinnen und nur neun Burschen. Der Geschlechteranteil war in der Handelsakademie mit 10 Klassen, die sich auf 153 Mädchen und 100 Burschen aufteilten, etwas ausgeglichener. Doch ebenso überwog der Anteil der Mädchen in der Handelsschule. Hier befanden sich in den drei Klassen 66 Mädchen und 26 Burschen.

Geschlecht		
Antwort	Anzahl	Prozent
weiblich (F)	340	73.28%
männlich (M)	123	26.51%
keine Antwort	1	0.22%
Nicht beendet oder nicht gezeigt	0	0.00%

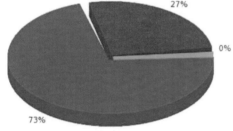

■ weiblich (340)
■ männlich (123)
▓ keine Antwort (1)

Abb. 2 Prozentuelle Verteilung von Mädchen und Burschen

7.1.2. Alter

Die Unterteilung in drei Altersklassen wurde aus der Überlegung getroffen zu zeigen, dass der Hauptanteil der befragten Schülerinnen und Schüler im Alterssegment von 15 bis 16 Jahren bzw. 17 bis 19 Jahre anzutreffen ist. Das betrifft vor allem Klassen, die sich in der 10., 11. und 12. Schulstufe befinden. Das entspricht den zweiten, dritten und vierten Klassen der Handelsakademie, den zweiten und dritten Klassen der Handelsschule und den zweiten, dritten und vierten Klassen der Höheren Lehranstalt für wirtschaftliche Berufe. Schülerinnen und Schüler im Alter von 19 Jahren sind vor allem in den Abschluss- bzw. Maturaklassen zu finden.

Alter [Wie alt bist du?]		
Antwort	Anzahl	Prozent
13 - 14 (A1)	51	10.99%
15 - 16 (A2)	213	45.91%
17 - 19 (A3)	200	43.10%
keine Antwort	0	0.00%
Nicht beendet oder nicht gezeigt	0	0.00%

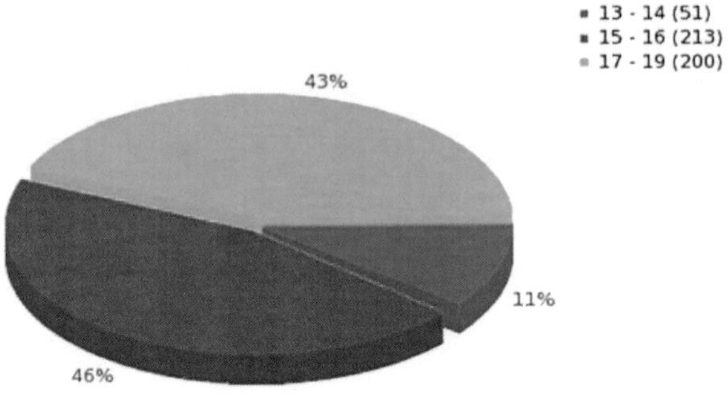

■ 13 - 14 (51)
■ 15 - 16 (213)
▪ 17 - 19 (200)

43%

11%

46%

Abb. 3 Prozentuelle Aufteilung der Schülerinnen und Schüler in die drei Altersklassen

7.1.3. Schulform

Die Verteilung der Schülerinnen und Schüler zeigt, dass die Handelsakademie (HAK) den größten Schüleranteil mit 49 Prozent hat, gefolgt von der Höheren Lehranstalt für wirtschaftliche Berufe (HLW) mit 30 Prozent. Die Handelsschule (HAS) hat einen Anteil an der Gesamtschülerzahl von 20 Prozent.

Feld-Zusammenfassung für 0003(SQ001)

Schulform
[In welchen Schutyp gehst du?]

Antwort	Anzahl	Prozent
HAK (A1)	224	48.28%
HAS (A2)	82	17.67%
HLW (A3)	158	34.05%
keine Antwort	0	0.00%
Nicht beendet oder nicht gezeigt	0	0.00%

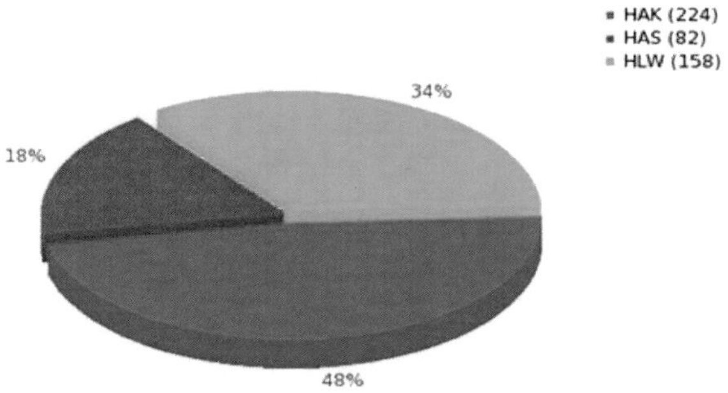

- HAK (224)
- HAS (82)
- HLW (158)

Abb. 4 Prozentueller Schüleranteil nach den drei Schultypen

7.2. Die Internetnutzung nach Zeit und sozialen Netzwerken

7.2.1. Zeitaufwand gesamt

Auf die Frage nach der zeitlichen Nutzung des Internets gaben 63 Prozent der Befragten an, dieses mehrmals täglich zu benützen. Weitere 35 Prozent kreuzten die Möglichkeit der tägli-chen Nutzung an. Diese Zahlen belegen, dass die tägliche Verwendung dieses Mediums durch österreichische Jugendliche zur normalen Alltagsroutine gehört. Das Internet ist ein fixer Bestandteil ihres täglichen Lebens. In dieser Umfrage wurde nicht nach der Hauptver-wendungszeit gefragt. Es ist aber davon auszugehen, dass vor allem die Abendstunden für einen Interneteinstieg genützt werden. Die Website von saferinternet.at, die in ihrer Studie aus dem Jahr 2010 das Internetverhalten von 402 österreichischen Jugendlichen untersucht hat, gibt eine Nutzungsfrequenz von zwei bis drei Stunden täglich an: *„Die tägliche Nutzung*

> *des Mediums Internet ist bei den Kid und Jugendlichen*
> *bereits zur Alltagsselbstverständlichkeit*
> *geworden, genauso wie das Konsumieren von TV-*

31

Angeboten. Im Schnitt zeigen sich bei der Nutzungsfrequenz
kaum mehr geschlechter- oder altersspezifische Differenzen.
Allein bei den Nutzungsarten und der Nutzungsintensität
lassen sich signifikante Unterschiede feststellen. Im Schnitt
sind die ProbandInnen zwei bis drei Stunden pro Tag online,
je nachdem, welcher Beschäftigung sie im Netz
nachgehen."[21]

Bei den Schulformen der Berufsbildenden höheren und mittleren Schulen ist der Gebrauch des Computers und der Nutzung des Internets Teil des Unterrichts. Nicht nur in verschiedenen Fächern, sondern auch in den nicht spezifischen Computerfächern ist das Internet nicht mehr wegzudenken. Insofern kommen die SchülerInnen allein schon durch den Unterricht auf viele Stunden Internetnutzung.

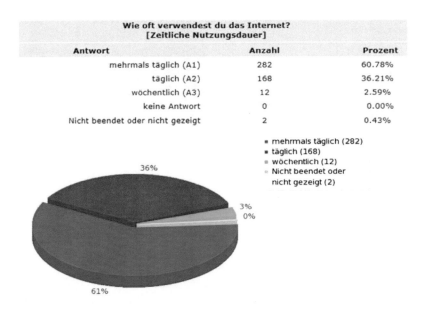

Wie oft verwendest du das Internet?
[Zeitliche Nutzungsdauer]

Antwort	Anzahl	Prozent
mehrmals täglich (A1)	282	60.78%
täglich (A2)	168	36.21%
wöchentlich (A3)	12	2.59%
keine Antwort	0	0.00%
Nicht beendet oder nicht gezeigt	2	0.43%

- mehrmals täglich (282)
- täglich (168)
- wöchentlich (12)
- Nicht beendet oder nicht gezeigt (2)

36%
3%
0%
61%

Abb. 5 Zeitliche Nutzungsdauer des Internet

[21] http://www.saferinternet.at/fileadmin/files/Online_Communities_Studie/Bericht_Safer_Internet_qualit ativ_Online_Version.pdf Seite 7 [06.08.2012]

7.2.2. Hauptverwendungszweck

Bei der Beantwortung der Frage nach dem Hauptverwendungszweck des Internets kommt eindeutig heraus, dass Social Communities eine herausragende Stellung einnehmen. 90 Prozent aller Befragten gaben an, dass sie das Internet dazu benützen, gefolgt von Arbeiten, die für „die Schule" zu machen sind (80 Prozent). Als dritte Säule wurde „Musik hören" angekreuzt (74 Prozent). Weit abgeschlagen finden sich „Filme ansehen" (30 Prozent) und als letzte Möglichkeit „Spiele spielen" (21 Prozent). Die Studie von saferinternet.at differenziert die Nutzung des Internets nicht genauer, stellt aber fest,

> *„dass die Online-Welt im Alltagsleben der Jugendlichen fest*
> *etabliert und nicht mehr wegzudenken ist. Schule, Arbeit,*
> *Spiel, Kommunikation – das Internet nimmt einen immer*
> *größer werdenden Anteil am Zeit- und Medienbudget der*
> *Kids und Jugendlichen für sich in Anspruch und setzt seinen*
> *Siegeszug in nahezu allen Alltagsbereichen fort. Der*
> *Computer bleibt immer länger online, auch wenn man*
> *sich parallel dazu anderen Beschäftigungen widmet. Bei*
> *der heutigen Jugend ist es gang und gäbe, Medien*
> *parallel zu konsumieren."* [22]

---

[22] http://www.saferinternet.at/fileadmin/files/Online_Communities_Studie/Bericht_Safer_Internet_qualit ativ_Online_Version.pdf, Seite 8 [04.02.2012]

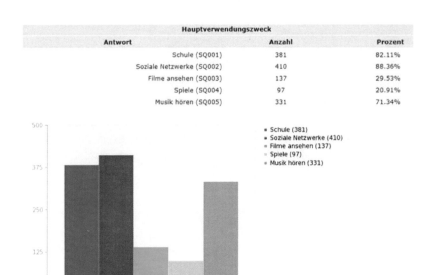

Hauptverwendungszweck		
Antwort	**Anzahl**	**Prozent**
Schule (SQ001)	381	82.11%
Soziale Netzwerke (SQ002)	410	88.36%
Filme ansehen (SQ003)	137	29.53%
Spiele (SQ004)	97	20.91%
Musik hören (SQ005)	331	71.34%

- Schule (381)
- Soziale Netzwerke (410)
- Filme ansehen (137)
- Spiele (97)
- Musik hören (331)

Abb. 6 Verteilung nach Hauptverwendungszweck des Internet

7.2.3. Was sind die beliebtesten Social Communities?

Der Anbieter Facebook hat die meisten Nennungen. Diese Social Community wird von 95 Prozent aller befragten Jugendlichen genannt. Weit abgeschlagen finden sich Netlog und Studi VZ und Schüler VZ wieder. Dass Google+ auf eine Nennung von 21 Prozent kommt, deckt sich mit den Zahlen über die Expansion und die gute Annahme durch die User. Google+ hat inzwischen weit mehr als 250 Millionen Teilnehmer und den Rekord bezüglich der Einführung und dem raschen Zuwachs an Teilnehmern im Vergleich mit Facebook und Twitter gebrochen. Anlässlich des einjährigen Bestehens werden neue Funktionen und Verbesserungen vorgestellt, um sich immer mehr vom Hauptkonkurrenten Facebook absetzen zu können.[23] Die saferinternet.at-Studie nennt in ihrem Befund ebenfalls Facebook an erster Stelle. Der größte Unterschied zeigt sich nur bei der Nennung der Social Community Netlog. Diese ist vor allem bei jüngeren Usern, also im Alter von 11 – 14, sehr beliebt. In der Altersgruppe der 13- bis 14-jährigen gibt es in der Studie des Autors keine signifikanten Unterschiede. Facebook ist in allen drei Altersgruppen die meistgenannte Community.

---

[23] Vgl. http://www.golem.de/news/ein-jahr-google-250-millionen-nutzer-tablet-version-und-party-planer-1206-92817.html [06.08.2012]

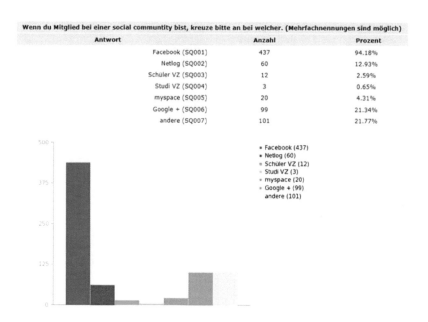

Wenn du Mitglied bei einer social communtity bist, kreuze bitte an bei welcher. (Mehrfachnennungen sind möglich)		
Antwort	Anzahl	Prozent
Facebook (SQ001)	437	94.18%
Netlog (SQ002)	60	12.93%
Schüler VZ (SQ003)	12	2.59%
Studi VZ (SQ004)	3	0.65%
myspace (SQ005)	20	4.31%
Google + (SQ006)	99	21.34%
andere (SQ007)	101	21.77%

Abb. 7 Verteilung auf verschiedene Social Communities

7.2.3.1. Zeitaufwand für Social Communities

70 Prozent der Befragten geben beim Zeitaufwand für die Social Communites an, dass sie ein bis zwei Stunden täglich online sind. Ein Viertel, immerhin noch 100 Schülerinnen, kreuzten an, sich drei bis vier Stunden täglich darin aufzuhalten und zu kommunizieren. Über sieben Prozent gaben an, dass sie mehr als 4 Stunden täglich dafür aufwenden. Geschlechterspezifisch lässt sich fast kein Unterschied feststellen. Es wurde bei der Untersuchung nicht nach Wochentagen und hinsichtlich Wochenenden unterschieden. Es ist aber davon auszugehen, dass die Internetnutzung für soziale Netzwerke am Wochenende bedeutend höher erfolgt als unter der Woche.

Wieviel Zeit verbringst du in sozialen Netzwerken?
[Zeitliche Angabe]

Antwort	Anzahl	Prozent
1 - 2 Stunden täglich (A1)	329	70.91%
3 - 4 Stunden täglich (A2)	100	21.55%
mehr? (A3)	33	7.11%
keine Antwort	0	0.00%
Nicht beendet oder nicht gezeigt	2	0.43%

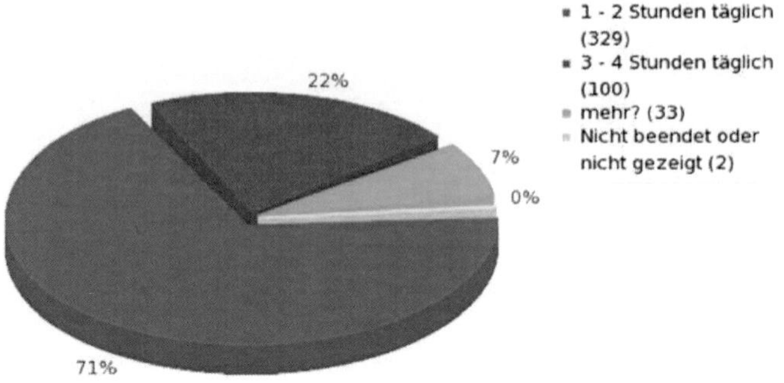

- 1 - 2 Stunden täglich (329)
- 3 - 4 Stunden täglich (100)
- mehr? (33)
- Nicht beendet oder nicht gezeigt (2)

22%

7%

0%

71%

Abb. 8 Zeitaufwand für soziale Netzwerke

7.3. Schülerinnen und Schüler als Opfer von Cybermobbing

Cybermobbing passiert auf viele verschiedene Arten und Weisen. Untersucht und interpretiert wurden die Antworten auf 6 gestellte Antwortmöglichkeiten. Die Antworten zielten darauf ab herauszufinden, inwieweit jugendliche User sowohl Zeuge von Cybermobbing an sich selber waren oder solche Attacken auch bei andern bereits beobachtet haben. Gefragt wurde, ob Bilder oder Videos missbräuchlich verwendetwurden, ob das Profil „gehackt" wurde und ob die User selber oder Freunde von ihnen in sozialen Netzwerken beschimpft wurden. Es wurde nicht erhoben, in welchen Netzwerken Cybermobbing erlebt worden war. Bei der Auswertung wurden die geschlechterspezifischen Unterschiede herausgearbeitet. Die Zugehörigkeit zu den drei verschiedenen Schulformen wurde in der Auswertung und Interpretation jedoch nicht berücksichtigt. Auffälligkeiten in den jeweiligen drei unterschiedlichen Altersgruppen wurden aber sehr wohl herausgehoben.

7.3.1 Ich habe mitbekommen, wie Freunde von mir beschimpft wurden

Bei der Fragestellung nach der Erfahrung, ob man selbst schon mal erlebt hat, dass Freunde in sozialen Netzwerken beschimpft worden sind, gibt es wenig geschlechterspezifische Unterschiede. Nur bei der Altersgruppe der 15- bis 16-jährigen Schülerinnen und Schülern klaffen die Ergebnisse etwas weiter auseinander. Während die Mädchen die Fragestellung mit 33 Prozent mit Ja beantworteten, haben die Burschen diese Frage mit über 43 Prozent mit Ja beantwortet. Also fast die Hälfte der befragten Burschen hatte das bereits erlebt. Hier stellt sich die Frage, ob dieser hohe Anteil an Gewalterlebnissen etwas mit der generell höheren Gewaltbereitschaft von jungen Männern zu tun hat, oder ob junge Männer grundsätzlich die technischen Möglichkeiten zur Verbreitung von Cybermobbing mehr als die Mädchen nutzen.

> *„Die männliche Gewalt zeigt sich körperlicher, offensiver und*
> *nutzt weit stärker das Medium Video – die generell stärkere*
> *Videoaffinität bei männlichen Jugendlichen zur Verbreitung*
> *von Botschaften wurde bereits erwähnt –, bei weiblichen*
> *Jugendlichen dominieren verbale und oft auch subtilere*
> *Mittel, um Druck auf andere auszuüben.“*[24]

Gewaltbereitschaft unter jungen Männern ist kein neues Phänomen. Burschen zeigen ihre Aggression offener und leben sie offener aus als Mädchen. Die neuen Medien ermöglichen, dass Gewalttaten nicht verborgen werden, sondern durch Videos gezeigt werden, die mit Aufnahmegeräten wie dem Handy leicht ins Web und auf soziale Plattformen gestellt werden können. Die rasche Verbreitung ist dann kein Problem mehr. Mit wenig technischem Aufwand können Videos oder Fotos vielen Usern zur Verfügung gestellt werden. Die Möglichkeit, einer größeren Öffentlichkeit die eigene „Coolness" unter Beweis zu stellen, ist damit leicht gegeben. Ebenso ist die Selbstinszenierung ein wesentlicher Bestandteil der social communities. Die Problematik der Auseinandersetzungen zwischen Burschen mit verschiedenem Migrationshintergrund wurde hier nicht untersucht. Nachdem der Anteil der Burschen an unseren höheren Schulen sehr gering ist, spielt er hier keine große Rolle. Interessant wäre dieser Aspekt in der berufsbildenden mittleren Schule, da er dort mit ca. 30 Prozent etwas höher liegt.

---

[24] http://www.saferinternet.at/fileadmin/files/Online_Communities_Studie/Bericht_Safer_Internet_qualit ativ_Online_Version.pdf [04.04.2012]

Beschimpfungen werden von Burschen und Mädchen in ihrem Freundeskreis erlebt. Je älter die Befragten werden, desto mehr nimmt die Wahrnehmung von Beschimpfungen ab. Auf Beschimpfungen wird nicht mehr reagiert.

Die Mädchen haben in der Altersstufe der 15- bis 16-jährigen mit 55 Prozent mit Nein auf die Frage geantwortet, ob sie mitbekommen haben, wie Freunde von ihnen beschimpftwurden. 15 Prozent waren bei der Beantwortung unsicher. Nur 29 Prozent haben die Frage mit ja beantwortet.

Die Burschen gaben bis zu 47 Prozent an, dass sie noch nie mitbekommen haben, dass Freunde von ihnen beschimpft wurden. 15 Prozent waren sich in ihren Angaben nicht sicher und 34 Prozent konnten die Frage eindeutig mit Ja beantworten.

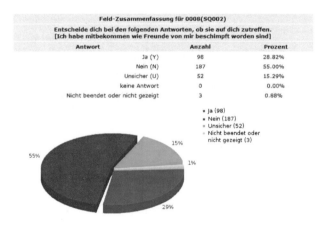

Abb. 9 prozentuelle Verteilung der Antworten der 15 -16 jährigen Mädchen, die mitbekommen haben wie Freunde von ihnen beschimpft worden sind

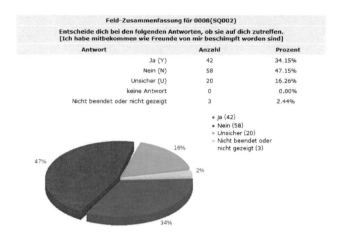

Feld-Zusammenfassung für 0008(SQ002)

Entscheide dich bei den folgenden Antworten, ob sie auf dich zutreffen.
[Ich habe mitbekommen wie Freunde von mir beschimpft worden sind]

Antwort	Anzahl	Prozent
Ja (Y)	42	34.15%
Nein (N)	58	47.15%
Unsicher (U)	20	16.26%
keine Antwort	0	0.00%
Nicht beendet oder nicht gezeigt	3	2.44%

- Ja (42)
- Nein (58)
- Unsicher (20)
- Nicht beendet oder nicht gezeigt (3)

Abb. 10 prozentuelle Verteilung der 15 – 16 jährige Burschen, die mitbekommen haben wie Freunde von ihnen beschimpft worden sind

7.3.2 Jemand hat Bilder von mir reingestellt, die nicht echt waren

Jugendliche sind sich dessen bewusst, dass sie jeden Tag mit der Möglichkeit konfrontiert sind, gefilmt oder fotografiert zu werden. Jedes moderne Handy verfügt über diese Funktionen und ist leicht bedienbar. Es bedarf aber noch eines weiteren Schrittes, um diese Daten ins Netz eines social networks hochzuladen. Dann muss es sich aber immer noch nicht um Cybermobbing handeln. Damit Jugendliche sich als gemobbtes Opfer wahrnehmen, braucht es nach Meinung der Niedersächsischen Medienanstalt (NLM) drei Aspekte:

> *„Für die Bewertung der Tatsache, dass von ihnen etwas*
> *im Internet zugänglich ist, das sie in unvorteilhafter*
> *Situation zeigt, sind drei Aspekte maßgeblich: (1) der*
> *Inhalt, (2) die Reaktion der anderen darauf, (3) die*
> *Umstände, unter denen es gefilmt und ins Netz gestellt*
> *wurde."[25]*

---

[25] http://www.nlm.de/fileadmin/dateien/pdf/Band_23.pdf [22.03.2012]

Diese Art des Mobbing beinhaltet, dass nicht nur Bilder oder Videos vom „samstäglichen Ausgehen" ins Netz gestellt, sondern diese auch bewusst verfälscht werden. Wer sich in Bildbearbeitung und Videobearbeitung ein wenig auskennt, kann leicht Daten manipulieren.

94 Prozent aller Mädchen gaben an, es sei noch nie vorgekommen, dass jemand Bilder von ihnen in ein soziales Netzwerk gestellt hat, die nicht echt waren. Bei den Burschen gaben 84 Prozent dieselbe Antwort. Interessant ist der Vergleich mit der Auswertung bei der Frage nach der Manipulation von Bildern und Videos. Dort ist die Streuung der Antworten viel differenzierter. Bei der Echtheit der Bilder scheint es keinen Zweifel zu geben. Da die UserInnen alle untereinander bekannt sind, fällt es wahrscheinlich schwer ein Bild ins Netz zu stellen, das nicht echt ist oder den oder die nicht Abgebildete zeigt. Genauso verhält es sich mit „Fake-Profilen". Das sind Profile in sozialen Netzwerken, in denen User falsche Angaben über sich selbst und auch über andere machen. Daten werden gefälscht angegeben und Bilder werden manipuliert. Die Gründe, warum jemand ein „Fake-Profil" erstellt, sind vielfältig. Sie reichen vom Versuch der Kontaktaufnahme Erwachsener zu Kindern über die Möglichkeit, Freunde auszuspionieren, bis zu reinen Spaßmotiven.

Jugendliche sind sehr sensibel, wenn es um eine Art von Tabubruch in Bezug auf Ehrlichkeit im Netz geht. Ebenso reagieren Jugendliche aufgrund ihrer bereits gemachten Erfahrungen ebenso empfindlich, wenn von ihnen selbst Bilder in einem sozialen Netzwerk verwendet werden, die nicht von ihnen selbst stammen bzw. mit falschen Daten versehen wurden. Beim Thema Echtheit von Bildern sind sich Burschen und Mädchen einig.

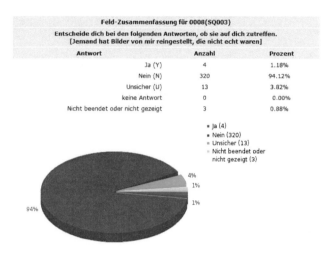

Abb. 11 prozentuelle Verteilung aller weiblich Antworten ob verfälschte Fotos ins Netz reingestellt wurden

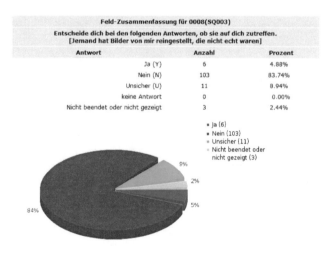

Abb. 12 prozentuelle Verteilung aller männlichen Antworten ob verfälschte Fotos ins Netz reingestellt wurden

7.3.3. Ich wurde blöd angemacht

Cybermobbing wird mit vielen Begriffen beschrieben. Ein wesentlicher Fachbegriff ist „Harassment". Damit ist eine bestimmte Art von Belästigung gemeint. Die Internetseite klicksafe.de definiert diesen Ausdruck folgendermaßen:

> „zielgerichtete, immer wiederkehrende Attacken von
> gänzlich Unbekannten, Usern in sozialen Netzwerken oder
> gar Bekannten aus dem realen sozialen Umfeld."[26]

Jugendliche unterscheiden genau zwischen „blöder Anmache" und Cybermobbing. In sozialen Netzwerken angemacht zu werden ist für jugendliche User nichts Besonderes. Die Auswertung ergibt bei den 13- bis 14-Jährigen keine nennenswerten Unterschiede bei Burschen und Mädchen. Ebenso zeigen die Ergebnisse in der Altersgruppe der 15- bis 16- Jährigen keine gröberen Auffälligkeiten. Nur im Alterssegment der 17- bis 19-Jährigen fällt ein größerer Unterschied bei den Burschen im Vergleich zu den gleichaltrigen Mädchen auf. Hier gaben 22 Prozent der Burschen an, im Netz „blöd angemacht" worden zu sein, während nur 12 Prozent der gleichaltrigen Mädchen dies bejahen konnten. Junge Männer reagieren bei diesem Thema sensibler als junge Frauen. Mädchen nehmen es in Kauf im Netz blöd angemacht zu werden. Männliche Jugendliche fühlen sich eher in ihrem Stolz verletzt und versuchen mit Gewalt darauf zu reagieren. Es geht hier um das Verletzen der Selbstinszenierung. Diese muss cool sein und muss auf jeden Fall verteidigt werden. Wenn die Täter als solche identifiziert werden, muss es zu einer Auseinandersetzung kommen. Inwieweit eine solch „blöde Anmache" auch provoziert wird, um den Grund für eine Gewalteskalation herbeizuführen, wurde nicht untersucht. Der springende Punkt ist, wieweit die Anmache unter die Gürtellinie geht, wo es eben nicht mehr nur um Spaß geht, sondern eine gewisse Grenze überschritten wird. Nayla Fawzi schreibt in ihrem Buch „Cyber-Mobbing, Ursachen und Auswirkungen von Mobbing im Internet" über Burschen als Mobbingopfer: *„Weitere Untersuchungen zeigen, dass*

> *insgesamt mehr Jungen in Mobbing involviert sind und vor*
> *allem eher direkt (körperlich) gemobbt werden. Mädchen*
> *werden dagegen häufiger verbal und psychologisch gemobbt*
> *(…)."[27]*

---

[26] http://www.klicksafe.de/themen/kommunizieren/cyber-mobbing/cyber-mobbing-was-ist-das/
[26.10.2012]

Dass dieses Thema für die Burschen sehr wichtig ist, ergibt sich aus dem Gesamtbild der abgegebenen Stimmen. Wird die Gruppe der Unentschlossen bei den Burschen, die 17 Prozent ausmacht, dazugerechnet ergibt sich eine Gesamtsumme von fast 40 Prozent, welche bereits mit dieser Art von Mobbing zu tun hatte. 59 Prozent der Burschen haben die gestellte Frage mit Nein beantwortet.

Mädchen sind sich der Tatsache, in sozialen Netzwerken blöd angemacht zu werden, voll bewusst. Sie wissen auch, dass ihr Ruf darunter leiden könnte. Die Solidarität mit Gleichgesinnten ist hier sehr wichtig, weil es auch jeder anderen passieren könnte. Mädchen legen sich Strategien zu, wie sie gemeinsam gegen einen Täter vorgehen können, der sie „blöd anmacht". Die Taktik besteht im Stärken des Selbstbewusstseins, darin, sich als starke Frau wahrzunehmen. Es kommt hier eine Relativierungsstrategie zur Anwendung. Einerseits werden die Dinge nicht so ernst genommen bzw. werden sie negiert und anderseits solidarisieren sich die Mädchen in diesem speziellen Punkt von Cybermobbing mit gleichaltrigen Freundinnen und gehen gelassener damit um.

Unter diese spezielle Form von Mobbing fällt natürlich auch der große Bereich der „sexuellen Anmache". Nachdem es für Kinder und Jugendliche sehr leicht geworden ist, zu pornografischen Bildern und Videos zu kommen, wird auch das Einstiegsalter immer niedriger. Neben der Konsumation von erotischem Bildmaterial ist es Sache des Users wie weit er oder sie von sich selber erotische Bilder ins Netz stellen, die eine Grenze überschreiten.

> *„Die – oft obszöne – „Anmache" in den*
> *Communities ist sehr verbreitet und betrifft*
> *hauptsächlich weibliche Jugendliche. Die*
> *ProbandInnen wissen, je mehr man von sich*
> *selbst in der Öffentlichkeit preisgibt, desto*
> *stärker wird dies von anderen als Aufforderung*
> *zur Kontaktanbahnung empfunden. Es bleibt*
> *dann allerdings den Kontaktierten überlassen, ob sie hier*
> *in einen Dialog einsteigen oder dies ablehnen."[28]*

Insgesamt ist festzustellen, dass mit nur 17 Prozent der Mädchen, die eindeutig die gestellte Frage mit Ja beantwortet haben, es sich doch um einen relativ niedrigen Prozentsatz handelt. Die überwiegende Mehrheit der Mädchen ist auf diese Form von Belästigungen gut eingestellt und weiß auch gut damit umzugehen. Sie beantworteten die Frage mit 70 Prozent

---

[27] Nayla Fawzi, Cyber-Mobbing, Ursachen und Auswirkungen von Mobbing im Internet, Baden-Baden 2009, Seite 10

mit nein. 16 Prozent waren unsicher. Die Burschen haben mit insgesamt 20 Prozent einen höheren Wert bei der Zustimmung erreicht. Ich führe es darauf zurück, dass sie „blöde Anmache" nicht unbedingt als Mobbing verstehen, sondern als einen Gewaltakt, auf den sie angemessen reagieren können. Also ebenfalls mit Gewalt. 65 Prozent gab Nein als Antwort an und 13 Prozent waren unsicher.

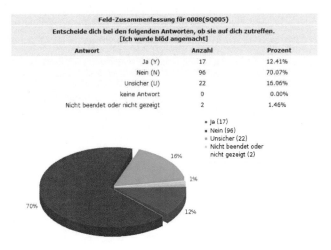

Abb. 13 Prozentuelle Verteilung aller weiblichen Antworten der 17- bis 19-jährigen Mädchen und der Fragestellung „blöde Anmache"

---

[28] http://www.saferinternet.at/fileadmin/files/Online_Communities_Studie/Bericht_Safer_Internet_qualit ativ_Online_Version.pdf [04.04.2012]

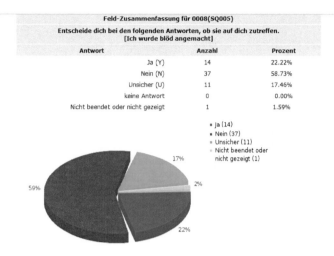

Feld-Zusammenfassung für 0008(SQ005)		
Entscheide dich bei den folgenden Antworten, ob sie auf dich zutreffen. [Ich wurde blöd angemacht]		
Antwort	Anzahl	Prozent
Ja (Y)	14	22.22%
Nein (N)	37	58.73%
Unsicher (U)	11	17.46%
keine Antwort	0	0.00%
Nicht beendet oder nicht gezeigt	1	1.59%

- Ja (14)
- Nein (37)
- Unsicher (11)
- Nicht beendet oder nicht gezeigt (1)

Abb. 14 Prozentuelle Verteilung aller männlichen Antworten nach der Altersstufe der 17- bis 19-jährigen Burschen und der Fragestellung „blöde Anmache"

Dass die Problematik von „blöder Anmache" aber noch viel tiefer geht, wird klar, wenn die alljährliche Untersuchung der JIM (Jugend, Information (Multi-) Media, Basisuntersuchung zum Medienumgang von 12- bis 19- J

ährigen) vom November 2011 herangezogen wird. Hier wurden 1025 Jugendliche in Deutschland befragt.

In dieser Studie kommt eindeutig heraus, dass bis zu 30 Prozent der Jugendlichen schon mal Ärger wegen bestimmter Einträge im Internet hatten: *„Trotz allem kann*

> *jeder vierte Internetnutzer bestätigen, dass in seinem*
> *Freundeskreis schon einmal jemand im Internet*
> *regelrecht fertig gemacht wurde. Deutlich mehr*
> *Mädchen als Jungen und vor allem Jugendliche in den*
> *mittleren Altersstufen bestätigen diese Form des*
> *Mobbings in ihrem Umfeld."[29]*

---

[29] http://www.mpfs.de/fileadmin/JIM-pdf11/JIM2011.pdf [05.04.2012]

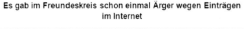

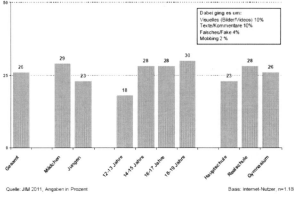

Es gab im Freundeskreis schon einmal Ärger wegen Einträgen im Internet

Dabei ging es um:
Visuelles (Bilder/Videos) 10%
Texte/Kommentare 10%
Falsches/Fake 4%
Mobbing 2 %

Quelle: JIM 2011, Angaben in Prozent   Basis: Internet-Nutzer, n=1.188

Wechselt man die Betrachtungsweise auf die Seite der Opfer, ist die Frage, ab wann es sich

Abb. 15 JIM Studie 2011

7.3.4 Unwahrheiten wurden über mich verbreitet

Ein herausragendes Merkmal von Cybermobbing ist die Tatsache, dass das Opfer wenig Ge-
legenheit hat sich gegen Anfeindungen und Diffamierungen zu wehren. Nichts ist einfacher,
als Unwahrheiten in social communties zu verbreiten. Bei der Befragung von Jugendlichen
ist festzustellen, dass Lügen und Unwahrheiten ins Netz zu stellen nichts Besonderes in der
alltäglichen Lebenserfahrung junger Menschen ist. Zum Teil sind sie natürlich auch Bestandteil der Selbstinszenierung im Internet. Bewusste Falschmeldungen in sozialen Netzwerken
haben auch die Funktion sich selber darzustellen. Generell gilt aber wie bei andern Merk-
malen von Cybermobbing auch, dass Lügen und Gerüchte nicht so schnell wieder korrigiert
werden können. Was im Netz steht, bleibt erhalten und auch wenn der Betroffene sich noch
so sehr bemüht es richtig zu stellen oder zu löschen.

Vor diesem Hintergrund ist es erschreckend festzustellen, dass in der Altersgruppe der 13-
bis 14-jährigen männlichen Schüler 44 Prozent angeben, dass über sie Unwahrheiten in sozialen Netzwerken verbreitet worden sind. Demgegenüber geben in derselben Altersgruppe
der Mädchen nur 14 Prozent an, dass über sie Lügen verbreitet wurden.

Bei den älteren Schülerinnen und Schülern relativiert sich dieses Bild wieder. 68 Prozent gaben an, dass noch nie jemand Unwahrheiten über sie verbreitet hätte. 21 Prozent sind sich nicht sicher und nur 11 Prozent bejahen die gestellte Frage. Bei den Burschen geben 17 Prozent an, diesen Nutzungsmissbrauch der social community erlebt zu haben. 63 Prozent verneinen es und 20 Prozent sind unsicher.

Die Gesamtauswertung aller befragten Mädchen und Burschen ergibt, dass 67 Prozent angaben, über sie seien noch nie Unwahrheiten verbreitet worden. 17 Prozent sind sich unsicher und 14 Prozent bejahten die Frage mit eindeutig mit Ja.

Daraus ergibt sich, dass junge User offensichtlich eine leichtere Zielscheibe für Cybermobbing sind als ältere. Unwahrheiten zu verbreiten stellt einen massiven Eingriff in die Privatsphäre von Usern dar. Die Gefahren, die durch den Missbrauch von social communities entstehen, stehen der eigenen Risikobereitschaft entgegen. Junge Burschen gehen generell sorgloser mit ihrer Privatsphäre um als ältere. Älteren ist es wichtiger, diese zu schützen und nur das von sich preiszugeben, was sie für vertretbar halten. Bei jungen Usern scheint dieser Selbstschutz zu fehlen. Sie sind Hauptopfer von Verleumdungen und Lügen. Es gilt aber zu bedenken, dass sich die Eigenwahrnehmung nicht unbedingt mit der Fremdwahrnehmung decken muss. Junge Burschen können auch Spaß an der Verbreitung von Unwahrheiten empfinden, solange sie nicht ihr selbstinszeniertes Bild und Auftreten im Netz zerstören:

> *„Was von ForscherInnenseite als*
> *unangenehm oder sogar gefährlich eingestuft wird,*
> *entspricht nicht automatisch dem Empfinden der*
> *Jugendlichen. Eine bekannte Tatsache aus der „Offline-*
> *Welt", die auch für das „Online-Leben" gilt.*[30]

Wie bei den Beschimpfungen gilt auch hier, bei der Verbreitung von Unwahrheiten, dass es für jüngere User es offenbar dazugehört, in den Online-Communities „kreativ" aufzutreten. Damit ist gemeint, dass es Lust und Freude bereiten kann, die Rollen von Opfer und Täter zu vermischen und zu wechseln. Es gibt nicht unbedingt immer klare Grenzen in den Communities, die fixieren, wer jetzt Opfer oder Täter ist. Es ist auch Teil des Lernens und des Lebens im Web 2.0, dass der User nicht nur eine bestimmte Rolle einnehmen muss, sondern alle Möglichkeiten nutzen kann, die sich ihm bieten, um in der Online-Welt seinen Platz einzunehmen. Solange im Freundeskreis die informellen Umgangsformen klar sind, bekommt Mobbing nicht jenen Stellenwert wie bei Tätern, die ihre Machtposition ausnützen wollen.

---

[30]   http://www.saferinternet.at/fileadmin/files/Online_Communities_Studie/Ergebnisse_Safer_Internet_ Quantitativ_Ultimativ.pdf [05.04.2012]

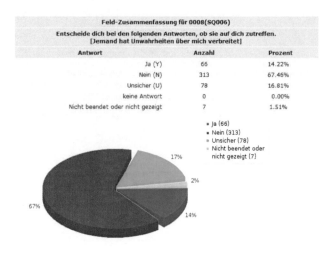

Abb. 16 prozentuelle Verteilung aller Antworten der Burschen und Mädchen nach der Frage, ob jemand Unwahrheiten über mich verbreitet hat

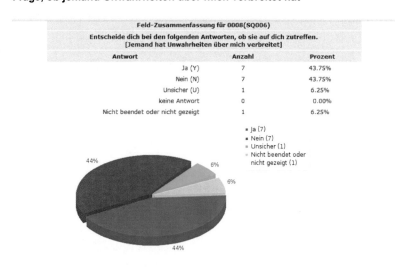

Abb. 17 die Altersgruppe der 13- bis 14-jährigen Burschen

7.3.5 Mein Profil wurde gehackt und Daten wurden missbraucht

Neben vielen verschiedenen und inzwischen allgemein gültigen Kategorisierungen von Cybermobbing - wie z.b. Flaming (Beleidigen), Harassment (Belästigung), Denigration (Gerüchte verbreiten), Impersonation (Auftreten unter falscher Identität) usw.[31] – gibt es noch ein wesentliches Element, das in dieser Studie mit untersucht worden ist. Es handelt sich hierbei um die Tatsache, dass sich User und Userinnen in ein fremdes Profil unerlaubt einloggen können, sich als die eigentlichen User ausgeben und in deren Namen irgendwelche Dinge posten. Es handelt sich um sich-in-ein-Profil-„Hacken". Ein Profil „knacken" kann durch das zufällige Ausfindigmachen bzw. Ausspionieren des Passwortes erfolgen oder durch gezieltes Password-Hacking. Dieses stellt mit neueren Programmen keine allzu große Schwierigkeit dar.

Bei dieser Thematik gibt es keine großen geschlechtsspezifischen Unterschiede. Generell sagen die Mädchen mit über 89 Prozent Zustimmung, dass ihnen das noch nie passiert ist. Nur sechs Prozent konnten diese Frage mit Ja beantworten. Vier Prozent sind sich bei der Beantwortung unsicher. Auffallend ist das Ergebnis bei den Mädchen in der jüngsten Altersgruppe der 13- bis 14-Jährigen. Hier geben 97 Prozent an, dass noch nie jemand ihr Profil missbraucht habe. Wieweit diese Angaben der Realität entsprechen, darf jedoch bezweifelt werden.

Die Burschen verneinten zu insgesamt 76 Prozent, dass ihr Profil gehackt worden sei. 15 Prozent bejahten die Frage und sieben Prozent waren sich nicht sicher.
Bei der Altersgruppe der 15- bis 16-Jährigen gaben hingegen 16 Prozent zu, dass sich jemand als sie selber ausgegeben hätte. Auch hier zeigt sich, dass junge Burschen einen eher sorgloseren Umgang mit ihren Zugangsdaten pflegen als Mädchen. Die Studie von saferinternet.at aus dem Jahr 2011 geht in ihrer Interpretation noch weiter: *„Der*
> *unbeschwerte Umgang zeigt sich auch bei der*
> *Frage nach der Zugänglichkeit der Profile. Mehr als 50*
> *Prozent der männlichen Jugendlichen erlauben die*
> *uneingeschränkte Einsicht."[32]*

Die Selbstdarstellung und die Prahlerei mit dem eigenen Profil sind wohl wichtiger als der Schutz der Daten. Unter Burschen dürfte es üblicher sein, die Profile in Netzwerken

---

[31] Vgl. René Stephan, Cyberbulling in sozialen Netzwerken. Seite 18f.

[32] http://www.saferinternet.at/fileadmin/files/Online_Communities_Studie/Ergebnisse_Safer_Internet_ Quantitativ_Ultimativ.pdf [05.04.2012]

Freunden zu öffnen, um mit Neuerungen prahlen zu können. Bei Mädchen überwiegt die Sorge um den Schutz der Privatsphäre. Ein soziales Netzwerk ist auch ein geheimes Tagebuch. Bei den Burschen überwiegt auch hier das Interesse für die spielerische Möglichkeit, die das sich In-ein-Profil-„Hacken" bietet. Junge Männer setzen sich mehr mit den technischen Möglichkeiten des Computers auseinander und versuchen auch die anderen Möglichkeiten, wie z.B. kleine Programmierungen vorzunehmen, zu nützen. Das „Hacken" wird nicht unbedingt negativ gesehen. Es erhöht vielmehr den Status des Users, der damit bewiesen hat, dass er anderen in seinem technischen Wissen voraus ist.

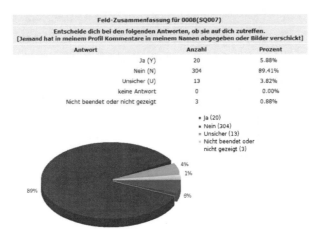

Abb. 18 Prozentuelle Verteilung aller weiblichen Antworten nach Alter und den Fragestellungen, ob jemand in meinem Profil Kommentare in meinem Namen abgegeben oder Bilder verschickt hat

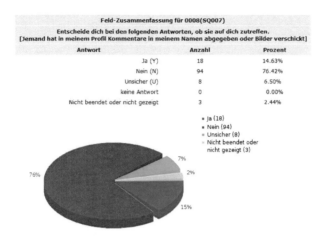

Feld-Zusammenfassung für 0008(SQ007)

Entscheide dich bei den folgenden Antworten, ob sie auf dich zutreffen.
[Jemand hat in meinem Profil Kommentare in meinem Namen abgegeben oder Bilder verschickt]

Antwort	Anzahl	Prozent
Ja (Y)	18	14.63%
Nein (N)	94	76.42%
Unsicher (U)	8	6.50%
keine Antwort	0	0.00%
Nicht beendet oder nicht gezeigt	3	2.44%

- Ja (18)
- Nein (94)
- Unsicher (8)
- Nicht beendet oder nicht gezeigt (3)

Abb. 19 Prozentuelle Verteilung aller männlichen Antworten nach Alter und den Fragestellungen, ob jemand in meinem Profil Kommentare in meinem Namen abgegeben oder Bilder verschickt hat

7.3.6 Fotos und Videos, auf denen ich schlecht dargestellt bin, wurden ins Netz gestellt

Beschimpfungen und Beleidigungen verbaler Art sind im Vergleich zu diesem Phänomen von Cybermobbing, prozentuell gesehen, sehr vergleichbar in der Häufigkeit. Die jeweilige Form von Mobbing hängt stark mit der andern zusammen.

Bei der Beantwortung der Frage nach der missbräuchlichen Verwendung von Fotos oder Videos, die dem User unangenehm waren und in das Netz gestellt worden sind, zeigt sich, dass die Mädchen mit zunehmendem Alter immer mehr einem solchen Missbrauch zustimmen. Von 14 bis 22 und sogar 32 Prozent reicht die Zustimmung. Insgesamt gaben 25 Prozent aller befragten Mädchen an, von diesem Missbrauch schon mal betroffen gewesen zu sein. 58 Prozent konnten dies eindeutig verneinen und 17 Prozent waren bei ihrer Angabe unsicher. Bei genauerer Betrachtung fällt auf, dass die Gruppe der 17- bis 19-Jährigen davon am stärksten betroffen sind. Mädchen sind in dieser Altersgruppe noch sensibler als ihre jüngeren Altersgenossinnen. Für sie ist es umso wichtiger, medial in der Online-Welt gut rüber zu kommen.

Für das eigene Selbstbild ist es sehr wichtig, viele Fotos von sich ins Netz zu stellen und diese auch immer wieder zu aktualisieren. Werden diese Fotos aber von anderen verwendet ohne eigenes Wissen, wird dies als negativ empfunden. Um das Bild, das von sich entworfen wurde und das immer wieder neu adaptiert werden muss, ist man entsprechend besorgt. Eine zweite Identität im Netz darf nicht von anderen angegriffen und beeinflusst werden. Die berühmten „Ausgehfotos" sind dann am nächsten Tag peinlich und passen nicht zum konstruierten Selbstbild. Die Summe der 17- bis 19-jährigen Mädchen, die mit 32 Prozent mit Ja geantwortet haben, und die 19 Prozent derjenigen, die „unsicher" angekreuzt haben, ergibt ein Resultat von über 50 Prozent, die sich durch Fotos oder Videos, die nicht ihre Zustimmung zur Freigabe bekommen haben, belästigt fühlen. Mit zunehmendem Alter werden Mädchen sensibler, was ihr Aussehen anbelangt und wie sie medial „rüberkommen". Fotos, auf denen sie sich unvorteilhaft abgebildet wiederentdecken, werden als massiver und gravierender Eingriff in ihr Leben gesehen.

Bei den Burschen ergibt sich ein Gesamtresultat von 23 Prozent einer eindeutigen Bejahung. 63 Prozent verneinten die Fragestellung und 14 Prozent waren sich unsicher.

Bemerkenswert ist die Altersgruppe der 13- bis 14-Jährigen mit 32 Prozent von gemobbten jungen Burschen. Auch hier ist wieder die Frage zu stellen, inwieweit der Missbrauch von Videos und Fotos nicht auch Teil des Selbstkonstrukts ist. Schlussfolgernd lässt sich feststellen, dass der sorglose Umgang mit den eigenen Daten und den Daten von anderen eine wichtige Rolle bei jüngeren Burschen spielt. Probleme werden hier eher auf die leichte Schulter genommen und mit gespielter Coolness wird darauf reagiert. Die Sensibilisierung für Grenzverletzungen fehlt bei den jungen Burschen und wird anders als bei den Mädchen als nicht so schlimm, sondern eher als normal empfunden:

> *„In diesem Zusammenhang muss gleichzeitig berücksichtigt werden, dass augenscheinlich viele UserInnen Probleme negieren beziehungsweise die meisten negativen Konsequenzen als nicht bedrohlich oder einfach als zum Onlinealltag zugehörig empfinden, somit auch wesentliche Voraussetzungen für die Entwicklung eines ausgeprägten Risikobewusstsein fehlen."[33]*

Filme vom „Ausgehen", Betrunkenheit und alles, was damit in Folge passiert, scheinen die beliebtesten Motive für Burschen zu sein, die es wert sind ins Netz gestellt zu werden. Be-

---

33 http://www.saferinternet.at/fileadmin/files/Online_Communities_Studie/Ergebnisse_Safer_Internet_ Quantitativ_Ultimativ.pdf [05.04.2012]

sonders hohe Häufigkeit weisen Filme vom Umziehen vor dem Sportunterricht auf oder das Filmen, während man schläft. Es geht dabei immer um die Tatsache, dass der Gefilmte es nicht unter Kontrolle hat, was mit ihm geschieht oder er es einfach nicht wahrnehmen kann, weil er heimlich gefilmt wird. Filme, in denen Gewaltszenen vorkommen, sind ebenso beliebte Motive bei den Burschen. Aber auch hier gilt, dass Burschen mit reiferem Alter für diese Dinge nicht mehr so offen sind. Auch bei ihnen wird es nun immer wichtiger, ein Bild von sich in den sozialen Netzwerken zu konstruieren, das mehr der Eigenwerbung im positiven Sinn dient und sich von Ausgeh- und Gewaltszenen abhebt. Die gesteigerte Sensibilität für die Selbstkonstruktion tritt immer mehr in den Vordergrund. Nur dem abgegrenzten Freundeskreis stehen persönliche Informationen offen. Der Missbrauch von Fotos und Videos wird als schlimmer Vertrauensbruch empfunden.

Für sie sind sozialmoralische Regeln wichtig geworden. Es existiert bereits ein informeller Verhaltenskodex, der Manipulationen an Bildern und Videos nicht ohne Zustimmung der Betroffenen erlaubt:

> *„Die jungen Leute fordern gerade heute sozialmoralische Regeln ein, die für alle verbindlich sind und an die sich alle halten. Eine funktionierende gesellschaftliche Moral ist für sie auch eine Voraussetzung, ihr Leben eigenverantwortlich und unabhängig gestalten zu können. 70 Prozent finden, man müsse sich gegen Missstände in Arbeitswelt und Gesellschaft zur Wehr setzen."* [34]

Bei den Problemlösungsstrategien gibt einen Unterschied zwischen Burschen und Mädchen vor allem, wenn unangenehme Videos oder Fotos vom Provider gelöscht werden sollen: *„Während dies von den Mädchen häufiger in Erwägung gezogen und realisiert wird, sehen dies die Jungen zwar als prinzipielle Möglichkeit, haben es aber für sich selbst wohl noch nicht genutzt. Dem steht zum Teil auch das eigene Selbstkonzept im Wege."* [35]

---

[34] http://www-static.shell.com/static/deu/downloads/aboutshell/our_commitment/shell_youth_study/2010/youth_study_2010_flyer.pdf [22.03.2012]

[35] http://www.nlm.de/fileadmin/dateien/pdf/Band_23.pdf [04.04.2012]

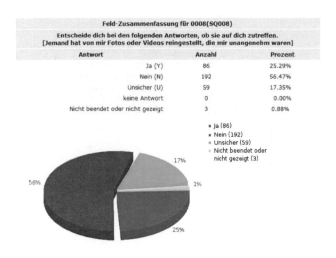

Feld-Zusammenfassung für 0008(SQ008)		
Entscheide dich bei den folgenden Antworten, ob sie auf dich zutreffen. [Jemand hat von mir Fotos oder Videos reingestellt, die mir unangenehm waren]		
Antwort	Anzahl	Prozent
Ja (Y)	86	25.29%
Nein (N)	192	56.47%
Unsicher (U)	59	17.35%
keine Antwort	0	0.00%
Nicht beendet oder nicht gezeigt	3	0.88%

- Ja (86)
- Nein (192)
- Unsicher (59)
- Nicht beendet oder nicht gezeigt (3)

Abb. 20 Die Antworten aller Mädchen nach der Frage, ob schon jemand Fotos oder Videos ins Netz gestellt hat, die ihnen unangenehm waren

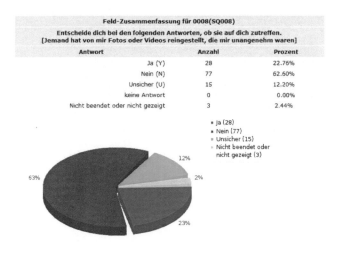

Feld-Zusammenfassung für 0008(SQ008)		
Entscheide dich bei den folgenden Antworten, ob sie auf dich zutreffen. [Jemand hat von mir Fotos oder Videos reingestellt, die mir unangenehm waren]		
Antwort	Anzahl	Prozent
Ja (Y)	28	22.76%
Nein (N)	77	62.60%
Unsicher (U)	15	12.20%
keine Antwort	0	0.00%
Nicht beendet oder nicht gezeigt	3	2.44%

- Ja (28)
- Nein (77)
- Unsicher (15)
- Nicht beendet oder nicht gezeigt (3)

Abb. 21 Die Antworten aller Burschen nach der Frage, ob schon jemand Fotos oder Videos ins Netz gestellt hat, die ihnen unangenehm waren

7.4 Problemlösungsstrategien

Problemlösungsstrategien bei Cybermobbing werden in social communities dann wichtig, wenn die Gefahr von Mobbing droht bzw. wenn man durch verschiedene Attacken schon zum Opfer geworden ist, wenn die Privatsphäre gestört wird und junge Menschen in der Online-Welt in Bedrängnis geraten. Jugendliche haben Möglichkeiten, auf Angriffe im Netz zu reagieren, ohne dabei den rechtlich geschützten Aktionsrahmen zu verlassen.

In der Untersuchung an der Handelsakademie, der Handelsschule und der Höheren Schule für wirtschaftliche Berufe Landeck wurden acht Möglichkeiten vorgeschlagen: *„Alleine lösen, den/die Übeltäter auf die Blacklist setzen, Freunde um Hilfe bitten, den/die Täter persönlich zur Rede stellen, den Anbieter informieren, mit denselben Waffen zurückschlagen, sich an Eltern bzw. an Lehrer um Hilfe wenden"*

Im Folgenden werden die Ergebnisse der Befragung bei fünf Antwortmöglichkeiten dargestellt. Die Frage nach der Hilfestellung durch Lehrerinnen und Lehrer wird in einem eigenen Kapitel dargestellt. Generell ist festzustellen, dass Jugendliche jene Möglichkeiten bevorzugen, bei denen sie selber aktiv werden können. Fremde Hilfe, außer von Freunden, wird wenig bis überhaupt nicht in Anspruch genommen. Saferinternet.at stellt dazu fest: *„Wenn es um die Lösung von Problemen in Communities geht, nimmt man/frau die Sache vor allem selbst in die Hand – „selbst in die Hand nehmen" steht hier als Oberbegriff für alle Möglichkeiten, die man selbst nutzen kann. Mehr als ein Drittel hat dies bereits gemacht (…) Die verhältnismäßig erfolgreichste Strategie ist jedenfalls das persönliche zur „Redestellen."*[36]

---

[36] http://www.saferinternet.at/fileadmin/files/Online_Communities_Studie/Ergebnisse_Safer_Internet_Quantitativ_Ultimativ.pdf Seite 9 [04.02.2012]

7.4.1 Alleine regeln

Bei der Auswertung der Antwortmöglichkeit, wie es möglich ist auf Mobbing in sozialen Netzwerken zu reagieren („Ich versuchte das alleine zu lösen"), fallen einige geschlechtsspezifische Unterschiede auf. Die Streuung der Antworten fällt bei den Mädchen breiter aus als bei den Burschen.

Insgesamt gaben alle Mädchen auf einer 5-teiligen Skala, die von „trifft sehr zu" (1) bis zu „trifft überhaupt nicht zu" (5) reichte, zu 25 Prozent an, dass es sehr auf sie zutreffe, 15 Prozent gaben an, dass es zutreffe, 23 Prozent gaben an, dass es ab und zu zutreffe, neun Prozent gaben an, dass es nicht zutreffe und 27 Prozent gaben an, dass es auf sie überhaupt nicht zutreffe.

Die Burschen gaben hingegen insgesamt zu 46 Prozent an, dass es auf sie sehr zutreffe, zu 11 Prozent, dass es zutreffe, zu 15 Prozent, dass es ab und zu zutreffe, zu vier Prozent, dass es nicht zutreffe und zu 24 Prozent, dass es überhaupt nicht zutreffe. Hervorstechend ist das Ergebnis der Umfrage bei den Burschen in der Altersgruppe der 17- bis 19-Jährigen. Hier gaben 59 Prozent an, dass es auf sie sehr zutreffe, ein solches Problem allein zu lösen.

Dieser sehr hohe Prozentsatz bei den männlichen Jugendlichen lässt sich damit erklären, dass das Selbstkonzept der Burschen einer Annahme fremder Hilfe im Weg steht. Es ist mit ihrem Selbstverständnis nicht vereinbar, dass negative Erlebnisse nicht selbstständig gelöst werden. Natürlich gilt es auch zu unterscheiden, um welche Art von Mobbing es sich handelt. Das kann von Hänseleien bis zu verfälschten Videos reichen. Den Opfern sind die Täter meistens bekannt und es dürfte auch zum Umgangston gehören, dass verschiedene Formen von gegenseitigem Mobbing angewandt werden. Wichtig ist die Absicht, die dahinter steht. Der Angreifer trägt seinen Teil zum „Spiel" bei, indem er auch mit der Gegenreaktion des Opfers rechnet. Die gegenseitigen Aktionen werden nicht als problematisch eingestuft. Aktion und Reaktion gehören zum „sozialen Austausch" dazu. Die Studie der Niedersächsischen Landesmedienanstalt aus dem Jahr 2008 meint dazu:

> *„Bemerkenswert ist, dass für die Jugendlichen –*
> *offensichtlich bis zu einem gewissen Grad sogar unabhängig*
> *vom Inhalt des Videos oder der Bilder – die hinter der*
> *Veröffentlichung stehende Intention sehr*
> *maßgeblich für die Reaktion und die*
> *unternommenen Maßnahmen ist. So ist die*
> *Veröffentlichung eines unvorteilhaften Videos*

eher in Ordnung, wenn dies durch Freunde und
in guter oder witziger Absicht geschieht, als
wenn diese Bilder durch einen anderen z.B. als
ein Racheakt ins Netz gestellt werden."[37]

Jedenfalls passt es nicht zum Selbstbild des coolen Internetauftritts, wenn der männliche User nicht in der Lage ist, diese Probleme selbstständig zu klären.

Mädchen in der Altersgruppe von 13 bis 14 Jahren beantworten zu zwei Dritteln, dass sie ihre Probleme in sozialen Netzwerken selber lösen. Bei den gleichaltrigen Burschen ist es beinahe dieselbe Anzahl. Der wesentliche Unterschied besteht darin, dass 26 Prozent der Mädchen die Antwort 1 (= trifft sehr zu) angaben. Wohingegen die gleichaltrigen Burschen diese Antwortmöglichkeit mit nur 18 Prozent angaben. Mädchen wollen nicht, dass bekannt wird, dass sie gemobbt werden. Sie verzichten eindeutiger auf die Inanspruchnahme einer Hilfe von außen. Burschen scheint es weniger auszumachen und sie dürften sich Gleichaltrigen eher anvertrauen. Bei Mädchen scheint die Angst zu überwiegen, dass sie als Mobbingopfer auffallen könnten.

Während Burschen eher über das technische Wissen verfügen, Medieninhalte zu produzieren bzw. diese selbst zu bearbeiten, weil es in ihr Selbstkonzept passt, erscheinen die Mädchen mehr als passive Konsumentinnen, die erst dann reagieren, wenn eine persönliche Grenze für sie überschritten worden ist. Die Medienwirkungskompetenz ist bei Jugendlichen noch nicht so weit ausgereift, dass die Konsequenzen immer absehbar wären. Bei Burschen ist aber dennoch mehr das Bewusstsein vorhanden, bei auftretenden Schwierigkeiten die Dinge selber in die Hand zu nehmen und damit auch in der Offline-Welt kompetent zu erscheinen.

---

[37] http://www.nlm.de/fileadmin/dateien/pdf/Band_23.pdf [15.04.2012]

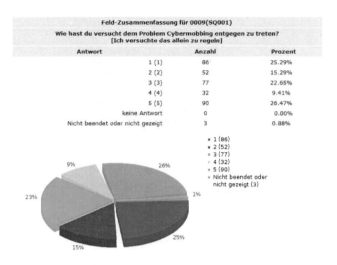

Feld-Zusammenfassung für 0009(SQ001)

Wie hast du versucht dem Problem Cybermobbing entgegen zu treten?
[Ich versuchte das allein zu regeln]

Antwort	Anzahl	Prozent
1 (1)	86	25.29%
2 (2)	52	15.29%
3 (3)	77	22.65%
4 (4)	32	9.41%
5 (5)	90	26.47%
keine Antwort	0	0.00%
Nicht beendet oder nicht gezeigt	3	0.88%

Abb. 22 Prozentuelle Verteilung aller weiblichen Antworten nach Alter und der Frage-stellungen, ob versucht wurde das Problem Cybermobbing alleine zu lösen.

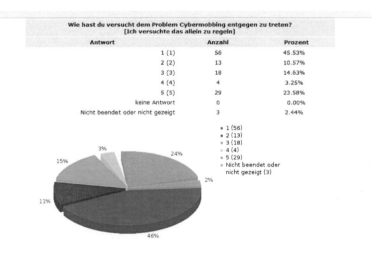

Wie hast du versucht dem Problem Cybermobbing entgegen zu treten?
[Ich versuchte das allein zu regeln]

Antwort	Anzahl	Prozent
1 (1)	56	45.53%
2 (2)	13	10.57%
3 (3)	18	14.63%
4 (4)	4	3.25%
5 (5)	29	23.58%
keine Antwort	0	0.00%
Nicht beendet oder nicht gezeigt	3	2.44%

Abb. 23 Prozentuelle Verteilung aller männlichen Antworten nach Alter und der Frage-stellungen, ob versucht wurde das Problem Cybermobbing alleine zu lösen

7.4.2 Den „Täter" dem Anbieter melden

Bei Attacken auf das Profil und bei Beschimpfungen des Users tritt die Problemlösungsstrategie, dies unverzüglich dem Communitybetreiber zu melden, sehr in den Hintergrund. Nur 21 Prozent aller Mädchen und aller drei Altersstufen würden diese Möglichkeit in Erwägung ziehen. Von diesen 21 Prozent sind es nur knapp neun Prozent der Mädchen, die uneingeschränkt davon Gebrauch machen würden. Je sechs Prozent gaben an, dass sie ab und zu bzw. eingeschränkt auf sie zutreffe. Sieben Prozent aller Mädchen können sich das nicht vorstellen und 71 Prozent aller befragten Mädchen würden auf keinen Fall den Anbieter informieren.

Auffallend ist die Tatsache, dass die jüngeren weiblichen Userinnen, also in der Altersgruppe der 13- bis 14-jährigen, die Frage mit 14 Prozent mit Ja beantwortet haben, während die älteren Mädchen bis 19 Jahre hier viel differenzierter und mit einer breiteren Streuung geantwortet haben. Sie verteilten ihre Antworten auf die ganze Breite der Antwortskala. Dennoch bleibt die Erkenntnis, dass fast 71 Prozent nicht auf die Idee kommen, bei Schwierigkeiten den Anbieter ihres social network zu informieren. Die Diskrepanz zwischen der Nutzung aller Möglichkeiten, die ein soziales Netzwerk bietet, und der Hilfestellungen, die ein Betreiber anbietet, ist sehr groß. Es sollte selbstverständlich sein, dass ein User auch um diese Möglichkeit weiß und somit sich selber schützen bzw. den Community-Betreiber in seine Pflicht nehmen kann.

Bei den männlichen Usern ist das Ergebnis der Befragung sehr ähnlich. Hier würden nur 15 Prozent der Burschen den Betreiber uneingeschränkt um Hilfe bitten. Drei Prozent gaben an, dass diese Möglichkeit zutreffe. Acht Prozent würden es ab und zu in Erwägung ziehen. 11 Prozent gaben an, dass es für sie nicht zutrifft und für 61 Prozent aller befragten Burschen kommt es überhaupt nicht in Frage, den Anbieter zu informieren.

Bei genauerer Betrachtung ist bei allen drei Altersgruppen festzustellen, dass die Burschen bei der ersten Antwortmöglichkeit (trifft sehr zu) die Mädchen immer um ein paar Prozent überflügelt haben. Es scheint, als ob die Burschen hier etwas mutiger wären, wenn es darum geht, den Betreiber zu informieren. Möglicherweise kennen sich die Burschen mit den Möglichkeiten eines sozialen Netzwerkes besser aus und getrauen sich auch, mehr Funktionen auszuprobieren. Die Mädchen agieren hier vorsichtiger und zurückhaltender. Diese Form der Problemlösung scheint eher männlich dominiert zu sein. Den Burschen ist es weniger peinlich, ihre Probleme oder den Inhalt des Mobbings zu benennen und dagegen mit Hilfe des Betreibers anzugehen.

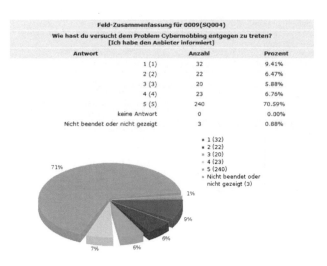

Abb. 24 Prozentuelle Verteilung aller weiblichen Antworten nach Alter und der Fragestellungen, ob versucht wurde den „Täter" dem Internetanbieter zu melden

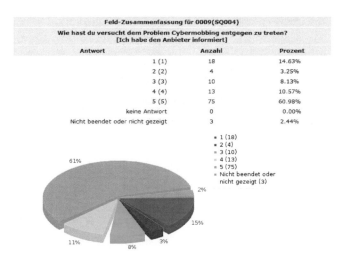

Abb. 25 Prozentuelle Verteilung aller männlichen Antworten nach Alter und der Fragestellungen, ob versucht wurde den „Täter" dem Internetanbieter zu melden

7.4.3 „Mit denselben Waffen" zurückschlagen

Opfer von Cybermobbing werden zu Tätern. Sie schlagen mit denselben Waffen zurück. Das bedeutet, dass das Opfer dieselben Methoden anwendet, die es selber erfahren hat. Die von Mobbing Betroffenen haben meistens schon eine längere Leidensgeschichte hinter sich und wissen, wie Mobbing online funktioniert. Die Rolle des Opfers, das Beschimpfungen und Verleumdungen ausgesetzt ist, wechselt in die Rolle des Täters, der nun versucht, den (vermeintlichen) Angreifer in der community bloßzustellen. Die Aggression, die empfangen wurde, wird nun zurückgespielt und aus der Ohnmachtshaltung gilt es nun wieder herauszukommen und aktiver Akteur zu werden. Es geht darum, wieder Macht und Kontrolle über das eigene Handeln zu bekommen und aus der Passivität des Opfers herauszukommen.: *„Die*
Gründe für diesen
Gesinnungswechsel können sehr verschieden
sein und stimmen oft mit den Anlässen des „offline–
Mobbings" überein: „So können Konflikte in Gruppen der
Auslöser sein: In der Community wird der
`Klassenstreber´ verspottet oder Freundschaften
brechen auseinander und aus Rache werden
bloßstellende Fotos veröffentlicht. [...]
Ebenso versuchen Täter ihre Macht Anderen gegenüber
zu demonstrieren."[38]

Im Vergleich beider Geschlechter ist der Unterschied zwischen Burschen und Mädchen herausragend, was die Zustimmung zu dieser vermeintlichen Problemlösungsstrategie betrifft. Sieben Prozent der Mädchen gaben an, dass es auf sie sehr zutrifft, dass sie mit denselben Waffen zurückschlagen würden. Drei Prozent gaben an, dass es zutrifft. Für 10 Prozent ist es ab und zu eine Möglichkeit. Für 11 Prozent trifft es nicht zu, dass sie so reagieren, und für 69 Prozent ist es völlig klar, dass für sie so eine Lösung überhaupt nicht zutrifft.

14 Prozent aller Burschen aus allen Altersstufen gaben an, dass es für sie völlig klar ist, so zu agieren. Für neun Prozent der Burschen trifft es noch zu, dass sie so reagieren. Für 12 Prozent ist es ab und zu eine Möglichkeit und 10 Prozent stimmen dieser Lösung nicht zu.

---

[38] EIBOR Tübingen, KIBOR Tübingen (Hrsg.) Mobbing und Cyber-Mobbing an beruflichen Schulen, Problemlagen und Interventionsmöglichkeiten, Tübingen 2010, Seite 25.

Für 53 Prozent der Burschen ist es klar, dass so eine Lösung überhaupt nicht in Frage kommt.

Im direkten Vergleich der 13- bis 14-jährigen Burschen mit den gleichaltrigen Mädchen zeigt sich, dass die Burschen zu 54 Prozent keinen Unterschied zwischen Opfer und Täter sehen. Bei Angriff schlagen sie zurück und sind sich dabei wahrscheinlich nicht bewusst, dass sie sich damit auf dasselbe Niveau wie der Täter begeben. Da es in den Online-Communities sehr wichtig ist eine Anhängerschaft bzw. ein Publikum zu haben, muss das Opfer schnell aktiv werden und handeln. Die Angst im Opferstatus zu bleiben macht den User schnell zum Täter. Indem der Täter seine Aktivitäten als wenig problematisch empfindet, handelt auch das Opfer in seiner Abwehrhandlung genauso unbeschwert. Das Gefühl für die Tragweite des eigenen Handelns fehlt völlig.

Bei der Altersstufe der 17- bis 19-jährigen Mädchen zeigt sich, dass bei einer Zustimmung von nur 23 Prozent der unbedachte Umgang mit dem eigenen Handeln durchaus reflektiert wird. Ältere weibliche Userinnen können mit dieser vermeintlichen Problemlösung am wenigsten anfangen. Sie haben durchaus ein Problembewusstsein für den Umgang mit eigenen Daten und denen anderer entwickelt und gehen sorgsamer damit um.

Ebenso gehört es auch hier zu einem übersteigerten Selbstbewusstsein in Kombination mit dem Gefühl der Stärke bzw. dem Gefühl der Anonymität im Netz, dass der Rollenwechsel vom Opfer zum Täter sehr schnell und bewusst vollzogen wird. Die Burschen in der Altersgruppe der 17- bis 19-Jährigen geben bis zu 49 Prozent an, „mit denselben Waffen" zurückzuschlagen . Es dürfte zum Onlinealltag von Burschen gehören, auf Bedrohungen im Sinne von Cybermobbing mit derselben Strategie zu antworten. Das Problembewusstsein fehlt hier. Vielleicht auch, weil negative Konsequenzen ausbleiben und weil in der Community der User es dazu gehört, sich seinen Platz zurückzuerobern.

40 Prozent aller Befragten der Landecker Studie zeigen in verschiedenen Stufen von „trifft sehr zu" bis „trifft sehr wenig zu", dass sie dazu bereit wären, diesen Rollentausch vorzunehmen. Inwiefern den Usern bewusst ist, dass sie durch ihre spontanen Handlungen selber zu Tätern werden, ist unklar.

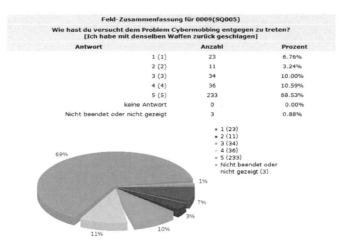

Feld-Zusammenfassung für 0009(SQ005)

Wie hast du versucht dem Problem Cybermobbing entgegen zu treten?
[Ich habe mit denselben Waffen zurück geschlagen]

Antwort	Anzahl	Prozent
1 (1)	23	6.76%
2 (2)	11	3.24%
3 (3)	34	10.00%
4 (4)	36	10.59%
5 (5)	233	68.53%
keine Antwort	0	0.00%
Nicht beendet oder nicht gezeigt	3	0.88%

- 1 (23)
- 2 (11)
- 3 (34)
- 4 (36)
- 5 (233)
- Nicht beendet oder nicht gezeigt (3)

Abb. 26 Prozentuelle Verteilung aller weiblichen Antworten nach Alter und der Frage-stellungen, ob das selbst erlebte Cybermobbing dadurch gelöst wurde, dass „mit denselben Waffen" zurückgeschlagen wurde

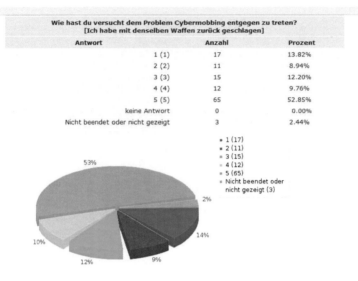

Wie hast du versucht dem Problem Cybermobbing entgegen zu treten?
[Ich habe mit denselben Waffen zurück geschlagen]

Antwort	Anzahl	Prozent
1 (1)	17	13.82%
2 (2)	11	8.94%
3 (3)	15	12.20%
4 (4)	12	9.76%
5 (5)	65	52.85%
keine Antwort	0	0.00%
Nicht beendet oder nicht gezeigt	3	2.44%

- 1 (17)
- 2 (11)
- 3 (15)
- 4 (12)
- 5 (65)
- Nicht beendet oder nicht gezeigt (3)

Abb. 27 Prozentuelle Verteilung aller männlichen Antworten nach Alter und der Fragestellungen, ob das selbst erlebte Cybermobbing dadurch gelöst wurde, dass „mit denselben Waffen" zurückgeschlagen wurde

7.4.4 Persönlich zur Rede zu stellen

Informationsbroschüren und Hilfsangebote im Internet verweisen unter dem Punkt „Hilfestellungen" immer wieder darauf, dass ein Mobbingopfer auf die Attacken des Täters nicht antworten soll: *„Auch wenn es schwer fällt, sollte man auf beleidigende oder*

unangenehme Nachrichten nicht reagieren. Eine Reaktion

gibt dem Mobber Bestätigung in seinem Tun. [39]

Eine praktische Hilfestellung ist, Beweise zu sichern. Derjenige, der sich verfolgt fühlt, kann beleidigende Nachrichten ausdrucken, Screenshots anfertigen, Bilder und Videos sichern. All dies ermöglicht es dem Opfer, handlungsbereit zu bleiben und den oder die Täter damit zu konfrontieren. Solche Überlegungen sind bei der Fragestellung, ob ein Opfer den Täter „persönlich zur Rede stellen" soll, eine wichtige Ausgangsposition. Die Mädchen gaben nur zu 43 Prozent an, dass sie niemals einen Täter persönlich kontaktieren würden. Die andern Antworten reichen von 18 Prozent, dass sie dieser Möglichkeit absolut zustimmen würden, bis zu 14 Prozent Zustimmung. 13 Prozent stimmten eingeschränkt zu und 11 Prozent waren immerhin noch der Meinung, dass es für sie als Lösungsmöglichkeit in Betracht käme.

Bei den Burschen waren die prozentuellen Zustimmungen noch höher. 31 Prozent können sich diese Möglichkeit uneingeschränkt vorstellen. Von 11 bis zu 15 Prozent und schließlich nochmals 11 Prozent stimmten dieser Lösung in Abstufungen zu. Nur 35 Prozent konnten sich dafür überhaupt nicht entscheiden.

Auch hier wirkt wieder das Lösungskonzept der Burschen. Es gilt, die Dinge selbstständig zu lösen und die direkte Konfrontation zu suchen. Ob Burschen dann tatsächlich den direkten Weg der Konfliktlösung gehen, bleibt offen und wurde auch nicht untersucht. Für die Beantwortung der Frage und die Auswahl der Antwortmöglichkeiten war es aber grundlegend, auch wenn es klischeehaft erscheint. Bei den Mädchen steht der Aspekt der Solidarisierung untereinander stärker im Vordergrund. Wichtiger ist es, die Unterstützung von Gleichgesinnten zu bekommen, denn als Einzelkämpferin aufzutreten.

---

[39] http://www.dolphinsecure.de/kinder-im-internet/was-tun-bei-cybermobbing/#opfer [28.10.2012]

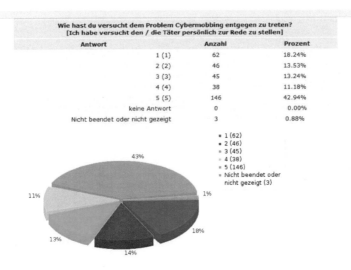

Wie hast du versucht dem Problem Cybermobbing entgegen zu treten? [Ich habe versucht den / die Täter persönlich zur Rede zu stellen]		
Antwort	Anzahl	Prozent
1 (1)	62	18.24%
2 (2)	46	13.53%
3 (3)	45	13.24%
4 (4)	38	11.18%
5 (5)	146	42.94%
keine Antwort	0	0.00%
Nicht beendet oder nicht gezeigt	3	0.88%

- 1 (62)
- 2 (46)
- 3 (45)
- 4 (38)
- 5 (146)
- Nicht beendet oder nicht gezeigt (3)

Abb. 28 Prozentuelle Verteilung aller Antworten von allen Mädchen, ob sie versucht haben den Täter persönlich zur Rede zu stellen

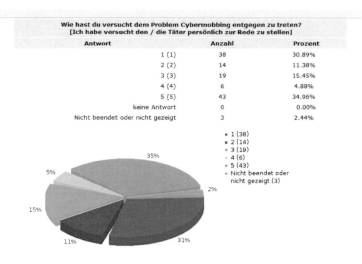

Wie hast du versucht dem Problem Cybermobbing entgegen zu treten? [Ich habe versucht den / die Täter persönlich zur Rede zu stellen]		
Antwort	**Anzahl**	**Prozent**
1 (1)	38	30.89%
2 (2)	14	11.38%
3 (3)	19	15.45%
4 (4)	6	4.88%
5 (5)	43	34.96%
keine Antwort	0	0.00%
Nicht beendet oder nicht gezeigt	3	2.44%

Abb. 29 Prozentuelle Verteilung aller Antworten von allen Burschen, ob sie versucht haben den Täter persönlich zur Rede zu stellen

7.4.5 Ich wandte mich an meine Eltern

67 Prozent aller weiblichen Befragten wenden sich bei Cybermobbingproblemen nicht an ihre Eltern. Nur sechs Prozent würden es ohne Einschränkung tun. Weitere sechs Prozent würden es tun und weitere 13 Prozent mit Einschränkungen. Acht Prozent können es sich noch vorstellen, die Eltern um Hilfe zu bitten.

Bei den Burschen zeigt sich eine noch höhere Gesamtprozentzahl bei der Ablehnung einer Hilfe durch die Eltern. Nur acht Prozent stimmen uneingeschränkt zu und vier Prozent gaben ihre Zustimmung bekannt. Sieben Prozent kreuzten noch an, dass sie mit Einschränkungen dazu bereit wären, und letztendlich weitere vier Prozent gaben noch die Eltern als Problemlösungsmöglichkeit an.

Eltern erscheinen den Jugendlichen als nicht kompetent bei Fragen, die das Internet und alle Möglichkeiten, die es bietet, betreffen. Für Jugendliche sind die Peergroups die wichtigsten Ansprechpartner bei Online-Problemen. Natürlich stellt sich einerseits das Gefühl des Ausgeschlossenseins bei Erwachsenen ein, andererseits gilt es aber auch zu akzeptieren, dass man als Erwachsener in diesen Dingen einfach zu wenig Kompetenz aufweisen kann. Um dieses Defizit auszugleichen, geben Internetratgeber praktische Tips: *„Zeigen Sie Interesse an der Lebenswelt Ihres Kindes und bleiben Sie im*

> *Gespräch – auch wenn Ihr Kind vielleicht nicht immer*
> *(gleich) so begeistert davon ist. Versuchen Sie den Einstieg*
> *über „allgemeine" Fragen (z.B. Was macht man eigentlich so*
> *auf Facebook?) und lassen Sie sich die Dinge, die Ihrem*
> *Kind im Internet und am Handy Spaß machen, erklären.*
> *Reagieren Sie nicht „besserwisserisch" oder ablehnend.*[40]

Eltern müssen ihre Verantwortung durch echtes Interesse an den Aktivitäten ihrer Kinder wahrnehmen. Sie müssen auch deren Privatsphäre respektieren und erkennen, dass es für einen jungen Mensch sehr wichtig ist ‚nicht nur in der „Offline-Welt" zu bestehen, sondern auch eine Identität in der „Online-Welt" aufzubauen. Die Entwicklungen im Web 2.0 waren in den letzten Jahren so rasant, dass es für Erwachsene, die beruflich und privat wenig damit zu tun haben, schwierig geworden ist mitzukommen. Wichtiger ist es aber, stets eine Ansprechperson bei Problemen zu bleiben. Egal ob bei Schwierigkeiten offline oder bei Cybermobbing.

---

[40] http://www.saferinternet.at/fuer-eltern/ [28.10.2012]

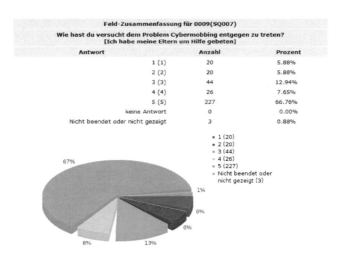

Abb. 30 Prozentuelle Verteilung aller Antworten von allen Mädchen, ob sie sie sich bei Cybermobbingproblemen an ihre Eltern um Hilfe gewandt haben

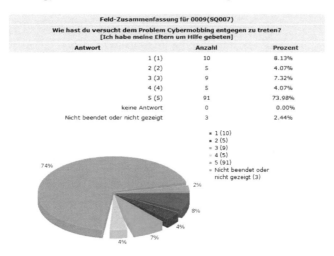

Abb. 31 Prozentuelle Verteilung aller Antworten von allen Burschen, ob sie sie sich bei Cybermobbingproblemen an ihre Eltern um Hilfe gewandt haben

7.5 SchülerInnen wenden sich bei Cybermobbing an Unterrichtende

Die Schule als Institution und die Lehrerinnen und Lehrer als ihre Vertreter sind diejenigen, die Schülerinnen und Schüler Hilfestellungen bei Problemen geben sollten. Inwieweit nützen nun diese die Möglichkeit, sich beim Thema Cybermobbing an Lehrerinnen und Lehrer zu wenden? Schule ist ein Ort, an dem die Lebenswirklichkeit von Jugendlichen stattfindet. Wenn diese durch Gewalt in Form von Mobbing bedroht wird, sind die Schule und ihre Vertreter jene Instanz, die kompetent Hilfestellungen geben sollten.

In der Untersuchung an der HAK, HAS und HLW Landeck zeigt sich aber ein differenziertes Bild darüber, ob und wie sehr sich Schülerinnen und Schüler bei diesem Thema an Lehrpersonen wenden. Der Unterschied zwischen dem Anspruch der Schule und der Realität ist sehr groß.

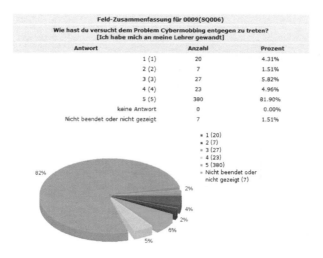

Abb. 32 prozentuelle Gesamtverteilung aller Befragten, ob sie sich bei Cybermobbing an Lehrpersonen um Hilfe wenden würden

In der Antwortskala von 1 (= trifft sehr zu) bis 5 (= trifft überhaupt nicht zu) kreuzten 82 Prozent der Befragten die Antwortmöglichkeit 5 an. Die restlichen prozentuellen Angaben verteilen sich sehr ausgeglichen auf die weiteren Antwortmöglichkeiten. Nur vier Prozent gaben an, dass sie sich sehr wohl an ihre Lehrerinnen und Lehrer um Hilfe wenden würden. Bei einer genaueren Analyse ergeben sich aber einige Unterschiede zwischen männlichen und weiblichen Befragten und auch zwischen den einzelnen Schultypen, vor allem zwischen der Handelsakademie und der Höheren Lehranstalt für wirtschaftliche Berufe. Die Handelsschule, die den kleinsten Schüleranteil hat und einen ausgewogenen Anteil zwischen weiblichen und männlichen Schülern, befindet sich mit ihren Angaben im Mittelfeld zwischen den beiden größeren Schultypen.

75 Prozent aller befragten männlichen Schüler sind dem Schultyp der Handelsakademie zuzuweisen. 20 Prozent gehen in die Handelsschule und nur fünf Prozent befinden sich in der Höheren Lehranstalt für wirtschaftliche Berufe. Die Mädchen verteilen sich zu 44 Prozent auf die höhere Lehranstalt für wirtschaftliche Berufe und zu 39 Prozent auf die Handelsakademie. 17 Prozent der Mädchen besuchen die Handelsschule.

In der Altersgruppe der 13- bis 14-jährigen Burschen gaben 63 Prozent an, dass sie sich niemals an Lehrpersonen um Hilfe wenden würden. Die anderen Antworten mit je sechs Prozent verteilen sich sehr gleichmäßig. Nur im Mittelfeld der Antwortmöglichkeiten 3 (= trifft manchmal zu) gibt es eine Auffälligkeit. 13 Prozent der Burschen gaben dies als Antwort an.

Die Altersgruppe der gleichaltrigen Mädchen verteilt sich zu 60 Prozent auf die Antwort, dass sie sich nie an Lehrerinnen und Lehrer um Hilfe wenden würden. Die große auffallende Ausnahme zeigt sich auch hier bei der Antwortmöglichkeit 3. 26 Prozent der 13- bis 14- jährigen Mädchen kreuzten diese Antwort an und fallen damit eindeutig aus den bisherigen sehr ausgeglichenen Antworten heraus. Mädchen und Burschen dürften in diesem Alter noch recht unsicher sein und doch noch mehr Bezug zu den Lehrerinnen und Lehrern haben und somit Offenheit zeigen, sich bei Problemen an sie zu wenden. Diese Altersgruppe traut dem Lehrpersonal durchaus zu, sich in diesen Fragen auszukennen bzw. kompetente Hilfe geben zu können. Vielleicht spiegeln sich dabei einige positive Erfahrungen, die in der Pflichtschule gemacht worden sind, wieder. In den Pflichtschulen ist das Schüler-Lehrer- Verhältnis oft noch intensiver und das Lehrpersonal muss noch mehr erzieherische Tätigkeiten übernehmen und ist unmittelbarer Ansprechpartner bei Problemen. Diese Vertrauenserfahrungen dürften auch hier eine Rolle spielen.

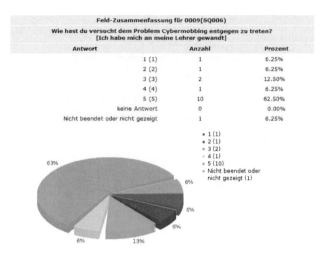

Abb. 33 prozentuelle Gesamtverteilung aller Burschen im Alter von 13 bis 14 Jahren, ob sie sich bei Cybermobbing an Lehrpersonen um Hilfe wenden würden

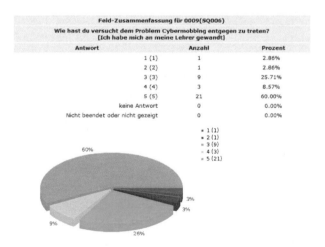

Abb. 34 prozentuelle Gesamtverteilung aller Mädchen im Alter von 13 bis 14 Jahren, ob sie sich bei Cybermobbing an Lehrpersonen um Hilfe wenden würden

Die Analyse der Auswertung der Befragungen bei den älteren Schülerinnen und Schülern ergab, dass sich diese Altersgruppen zu immer größeren Prozentsätzen für die die Antwort 1 (= trifft überhaupt nicht zu) entschieden haben. Bei den 17- bis 19-jährigen Befragten gaben bei den Burschen 86 Prozent an, dass sie sich nie an eine Lehrperson wenden würden und die gleichaltrigen Mädchen gaben dies mit 90 Prozent an. Ältere Schülerinnen und Schüler haben nicht mehr das Bedürfnis, sich an Lehrer mit diesen Fragen zu wenden. Sie sind der Auffassung, Dinge selbstständig regeln zu können. Während jüngere Schüler noch durchaus den Kontakt zu ihren Vertrauenspersonen in der Schule suchen, scheinen ältere Schüler diese eher zu meiden. Social Media ist zu einer Privatsache geworden. Niemand lässt gern „Fremde" in seine Privatsphäre Einblick nehmen. Die Nutzung des Internets und somit der social media geschieht in einem privaten Rahmen und ist somit geschützt. Die Studie der niedersächsischen Medienanstalt, in der 800 Jugendliche zwischen 12 und 19 Jahren befragt wurden, meint dazu: *„Der Hauptort der Internetnutzung ist das eigene Zuhause.*

> *Sofern sie über einen eigenen Computer mit Internetzugang*
> *verfügen, gehen die Kinder und Jugendlichen im eigenen*
> *Zimmer online, (…) Mehr als ein Drittel der 12- 19 jährigen*
> *geht allerdings immer alleine online."*[41]

Der private Charakter der Nutzung von social media wird, je älter die User sind, immer mehr verstärkt. Es ist sehr auffallend, dass die befragten Mädchen der Höheren Lehranstalt für wirtschaftliche Berufe sich zu 87 Prozent nie an einen Lehrer um Hilfe wenden würden. Nur fünf Prozent würden sich ohne Einschränkungen an eine Lehrperson wenden. Die restlichen sieben Prozent würden das mit Einschränkungen tun. Wenn z.B. ein für sie unvorteilhaftes Foto vom Ausgehen in ein Netzwerk gestellt wird, ohne dass sie davon wussten, ist es für sie von sehr großer Dringlichkeit, diese Aufnahme wieder entfernen zu lassen. Nachdem es oft schnell klar ist, wer dafür verantwortlich ist, werden Täter oder Täterin gebeten, die Sache wieder in Ordnung zu bringen. Mädchen achten sehr darauf, dass ihr Ruf nicht beschädigt wird und ihr Eigenbild in der Community nicht durch Aktionen, die vielleicht nicht böse gemeint sind, zerstört wird. In dieser Phase der Selbstwahrnehmung kommt es für Mädchen nicht in Frage, sich an Personen zu wenden, die außerhalb ihrer Community stehen. Lehrpersonen gehören jedenfalls nicht dazu. Die Studie der niedersächsischen Medienanstalt zeigt diesen Sachverhalt ebenfalls sehr deutlich:" *In der Gruppe der Mädchen wird die Veröffentlichung von Fotos und Bildern im*

---

[41] http://www.nlm.de/fileadmin/dateien/pdf/Band_23.pdf (Seite 60) [28.10.2012]

*Internet insgesamt sehr viel stärker problematisiert
als in anderen Gruppen. Das liegt auch an den mit der
ungewollten Veröffentlichung gemachten Erfahrungen. So
wird deutlich, dass auch die Freundinnen selbst schon –
offenkundig ohne böse Absicht – Fotos der anderen ohne
deren Einwilligung ins Netz gestellt haben."*[42]

Die Gesamtheit der Burschen der Handelsakademie hat mit 79 Prozent die Frage nach einer Hilfestellung durch Lehrerinnen oder Lehrer abgelehnt. 21 Prozent könnten sich also durchaus vorstellen, Hilfe in Anspruch zu nehmen. Wobei von diesen 21 Prozent wiederum nur vier Prozent dies ohne Einschränkungen tun würden. Burschen haben aber insgesamt weniger Scheu, sich zu wehren, obwohl hier das Selbstkonzept vom „richtigen Mann", der die Probleme allein löst, nicht zu passen scheint. Burschen haben weniger Hemmungen Fotos von sich zu zeigen, die sie nicht vorteilhaft erscheinen lassen. Und wenn eine bestimmte Grenze überschritten worden ist, gehen sie mit diesen Fotos oder Filmen oder auch ins Netz geschriebenen Beschimpfungen offener um. Ist es also nicht möglich, vom Täter die Rücknahme und Löschung von diesen Cybermobbingakten zu erreichen, wendet sich doch fast ein Viertel der Befragten Burschen an Lehrpersonen. Auch hier meint die Studie der niedersächsischen Medienanstalt: *„In anderen Kreisen –*

> *z.B. bei den gewaltkritischen Jungen der Metal-Band – wird
> es (die Suche um Hilfe) (Anm. des Verfassers) hingegen als
> ein sinnvolles Mittel betrachtet und geschätzt, um
> Internetgewalt, in welcher Form auch immer,
> einzudämmen.*[43]

Trotz dieser Unterschiede in den Geschlechtern und der Zugehörigkeit zu verschiedenen Schultypen ist klar und deutlich festzuhalten, dass Cybermobbing vom Großteil der Schülerinnen und Schüler als eine Privatsache gesehen wird, die mit der Lebenswirklichkeit in der Schule nicht verknüpft wird. Es ist nicht üblich, Lehrerinnen oder Lehrer in dieser Angelegenheit um Hilfe zu bitten. Hilfe wird von Freundinnen oder Freunden erwartet bzw. man hat selber die Probleme in der Cyberworld zu lösen, weil Erwachsene hier keinen Zutritt haben und auch nicht kompetent genug sind, um wirklich eine Anlaufstation für Hilfestellungen zu werden.

---

[42] http://www.nlm.de/fileadmin/dateien/pdf/Band_23.pdf (Seite 242) [28.10.2012]

[43] http://www.nlm.de/fileadmin/dateien/pdf/Band_23.pdf (Seite 244) [28.10.2012]

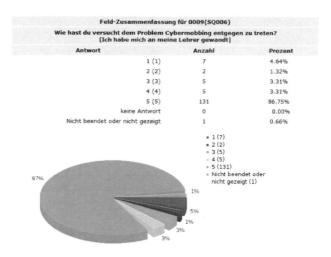

Abb. 35 prozentuelle Gesamtverteilung aller Mädchen, die die HLW besuchen, ob sie sich bei Cybermobbing an Lehrpersonen um Hilfe wenden würden.

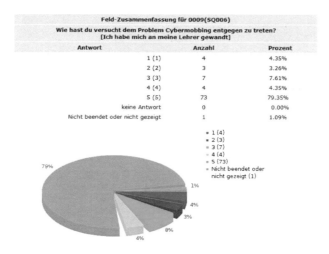

Abb. 36 prozentuelle Gesamtverteilung aller Burschen, die die HAK besuchen, ob sie sich bei Cybermobbing an Lehrpersonen um Hilfe wenden würden.

7.6 Selbsteinschätzung der Userinnen und User

7.6.1 Problematische Fotos oder Videos über sich selbst ins Netz gestellt

Jugendliche werden im Cyberspace oft mit peinlichen Fotos von sich selbst konfrontiert. Einerseits setzen sie selbst solche Aktivitäten in Network Communities und andererseits geschieht dies ohne ihr Wissen oder ihre Erlaubnis. 69 Prozent der Befragten der Landecker Studie geben an, dass sie noch nie problematische Dinge wie z.B. Fotos, auf denen sie selber betrunken zu sehen sind, oder freizügige Fotos von sich ins Netz gestellt hätten. 14 Prozent beantworten diese Frage mit Ja und 15 Prozent beantworten sie mit der Antwortmöglichkeit "unsicher". Bei der vergleichbaren saferinternet.at-Studie[44], in welcher 2009 402 Jugendliche in Österreich im Alter von 13 bis 19 Jahren befragt worden waren, gaben fast bis zu 90 Prozent der Befragten an, dass sie noch keine problematischen Inhalte über sich ins Netz gestellt hätten. Diese hohe Prozentzahl relativiert sich aber. Betrachtet man die Aussage der befragten Jugendlichen, die an dieser Studie teilgenommen haben und die danach interviewt worden sind, dann gaben 50 Prozent an, *„dass, wenn*

> *alles, was sie jemals in den Communities gemacht haben,*
> *veröffentlicht werden würde, dies sehr unangenehm für sie*
> *wäre.*[45]

Die Landecker Studie verdeutlicht die große Sorglosigkeit bei der Datenweitergabe im Netz. Dies zieht sich durch alle drei Altersgruppen hindurch und ebenso gibt es geringfügige Unterschiede zwischen weiblichen und männlichen Antworten. Das Bewusstsein um das Nicht-mehr-entfernen-können von einmal im Netz getätigten Aktionen ist wenig vorhanden. Die vordergründig „coole" Aktion, ein Ausgehfoto oder Video sofort zu posten, ohne zu überlegen, kann sich am nächsten Tag ins Gegenteil verkehren. Negative Folgen werden ausgeblendet.

---

[44] Vgl. http://www.saferinternet.at/fileadmin/files/Online_Communities_Studie/Ergebnisse_Safer_
Internet_Quantitativ_Ultimativ.pdf [04.02.2012]

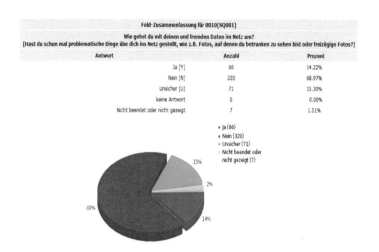

Feld-Zusammenfassung für 0010(SQ001)

Wie gehst du mit deinen und fremden Daten im Netz um?
[Hast du schon mal problematische Dinge übe dich ins Netz gestellt, wie z.B. Fotos, auf denen du betrunken bist oder freizügige Fotos?]

Antwort	Anzahl	Prozent
Ja (Y)	66	14.22%
Nein (N)	320	68.97%
Unsicher (U)	71	15.30%
keine Antwort	0	0.00%
Nicht beendet oder nicht gezeigt	7	1.51%

- Ja (66)
- Nein (320)
- Unsicher (71)
- Nicht beendet oder nicht gezeigt (7)

Abb. 37 prozentuelle Verteilung aller Antworten nach der eigenen Datenweitergabe

7.6.2 Sicherheitseinstellungen

Jugendliche scheinen sich beim Thema Sicherheitseinstellungen sehr gut auszukennen. 48 Prozent geben an, sich sehr gut damit auszukennen. Nur 9 Prozent der Befragten der Landecker Studie geben an, sich überhaupt nicht auszukennen. 41 Prozent brauchen noch Informationen und Hilfestellungen, da sie sich noch unsicher sind. Auch hier gibt es keine herausragenden Unterschiede zwischen den weiblichen und männlichen Usern. Die Diskrepanz fällt nur dann auf, wenn dieses Ergebnis in den allgemeinen Kontext von Selbstüberschätzung gestellt wird. Zum Selbstbild des Users und der Userin von sozialen Plattformen gehört es einfach dazu, kompetent im Umgang mit diesem Medium zu sein. Nur ist die hohe Anzahl von Befragten nicht erklärbar, die bereits angaben, dass ihr Profil gehackt worden sei und unter ihrem Namen falsche Dinge gepostet worden seien. Hier zeigt sich ein Überlegenheitsgefühl gegenüber der Erwachsenenwelt. Das konstruierte Selbstbild eines modernen Jugendlichen lässt es nicht zu, dass in der Online-Welt dieselben Regeln wie in der Offli-

---

[45] http://www.saferinternet.at/fileadmin/files/Online_Communities_Studie/Ergebnisse_Safer_Internet_Quantitativ_Ultimativ.pdf Seite 30 [04.02.2012]

ne-Welt gelten sollen. In sozialen Netzwerken wollen Jugendliche kompetent und den Erwachsenen gegenüber überlegen sein. Es ist ihre Welt.

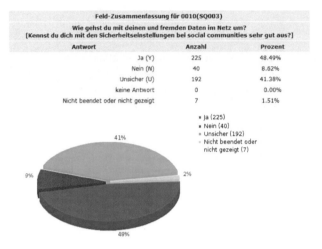

Abb. 38 prozentuelle Selbsteinschätzung beim Sicherheitswissen nach allen Antworten

7.6.3 Fotos verwenden, auf denen andere Personen zu sehen sind

Ein Viertel der Befragten beiderlei Geschlechts gibt an, nie nach Erlaubnis zu fragen, ob ein Foto veröffentlicht werden darf, auf dem Freunde oder Freundinnen zu sehen sind. 44 Prozent holen die Erlaubnis ein und 29 Prozent sind sich unsicher. Die geschlechts- und altersspezifischen Unterschiede sind gering. Auch hier zeigt sich die Diskrepanz zu den Angaben über das Wissen bei den Sicherheitseinstellungen. Der sorglose Umgang mit Fotos, auf denen andere abgebildet sind, und gleichzeitig zu glauben, dass der Schutz der eigenen Daten ausreichend ist, ist sehr widersprüchlich. Junge User glauben aufgrund ihres Selbstkonzeptes, dass ihnen im virtuellen Raum nichts geschehen kann. Deswegen ist es selbstverständlich, sorglos mit Daten von anderen umzugehen. Die Versuchung der Selbstüberschätzung ist groß.

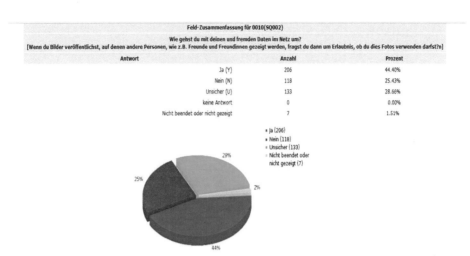

Abb. 39 prozentuelle Verteilung aller Antworten nach der Frage um Erlaubnis zur Veröffentlichung von Fotos

8. Medienkompetenz und Schule

Cybermobbing ist ein Geschehen, welches sehr intim abläuft. Es geschieht vordergründig im Verborgenen, im privaten Raum. Und dennoch beeinflusst es immer mehr das Leben in der Schule. Lehrende sind schon lange angehalten neuen Medien in ihren Unterricht einzubauen und kritisch zu hinterfragen. Cybermobbing bedient sich genau dieser neuesten Medien. Umso wichtiger ist die Reaktion des Ministeriums die Kompetenzkriterien der Lehrenden für neue Medien und deren missbräuchliche Verwendung zu schärfen.

8.1 Der Medienerlass

Das Bundesministerium für Unterricht, Kunst und Kultur hat am siebten September 2012 zum vorläufig letzten Mal die Unterrichtsprinzipien, die in allen österreichischen Schulen gelten, geändert und erneuert. Der neuesten Änderungen zum Grundsatzerlass zur Medienbildung wurden mit dem Schreiben der Bundesministerin Frau Dr. Claudia Schmied am 11. Jänner 2012 an alle Landesschulräte und den Stadtschulrat von Wien bekannt gegeben. Der Medienerlass erfolgte im Jahr 1989. 1994 wurde er verändert und 2001 den neuen Gegebenheiten, die sich durch die Veränderungen der Medienlandschaft ergeben haben, erneuert. In der aktualisierten Form des Grundsatzerlasses zur Medienerziehung im Rundschreiben Nr. 4/2012 wird vom Bundesministerium folgende Einleitung vorausgeschickt: *"Eine Aktualisierung des Grundsatzerlasses zur*

> *Medienerziehung erfolgt auf Grund der technischen*
> *Neuerungen seit 2001, um den international gängigen Begriff*
> *„Medienbildung" zu verankern, den „netzwerkbasierten und*
> *sozialen Medien" Rechnung zu tragen und die neu*
> *entstandenen Aufgaben der Pädagogischen*
> *Hochschulen zu bedenken."*[46]

Im neuen Erlass wird nunmehr zum ersten Mal auf die Wirklichkeiten der „sozialen Medien" eingegangen. Der Begriff „social media" ist nun offiziell im Sprachgebrauch des Unterrichtsministeriums verankert und seine Bedeutung für alle Schultypen hervorgehoben. Weiters wird im Rundschreiben 4/2012 die „media-literacy"-Definition der Europäischen Union erwähnt. Hierbei handelt es sich um die konstante Weiterentwicklung der Auseinanderset-

---

[46] http://www.bmukk.gv.at/ministerium/rs/2012_04.xml (16.11.2012)

zungen der Europäischen Union mit neuen Medien und das Bewusstwerden der Bedeutung für die Kinder und Jugendlichen, die damit aufwachsen und konfrontiert werden. Der Europäischen Union ging es sehr bald um den Schutz der Kinder und Jugendlichen durch die Erstellung von ethischen und professionellen Standards für Journalisten (1998) und als weiteren Schritt den sicheren Umgang mit dem Internet zu gewährleisten. Mit den Programmen „Insafe", „Inhope" und „Safer Internet" bietet die Europäische Kommission die Möglichkeit für Kinder, Jugendliche, Eltern und Lehrer sich Hilfe, Information und pädagogische Konzepte anzueignen, um auf Gefahren und Risiken aufmerksam zu werden.[47]

Das generelle Anliegen und die Zielsetzungen des neuen Erlasses richten sich an die Kinder und Jugendlichen, die sich mit den neuen Medien auseinanderzusetzen haben. Die Zielgruppen der Schülerinnen und Schüler sind heute nicht nur der Wirkung neuer Medien ausgesetzt, sondern sie sind auch diejenigen, die neue Inhalte schaffen und beeinflussen können. Dazu braucht es Wissen und Engagement von Jugendlichen, Eltern und Lehrern.

> *„... Angesichts der Herausforderung durch die elektronischen Medien muss sich die Schule verstärkt dem Auftrag stellen, an der Heranbildung kommunikationsfähiger und urteilsfähiger Menschen mitzuwirken, die Kreativität und die Freude an eigenen Schöpfungen anzuregen und sich im Sinne des Unterrichtsprinzips „Medienerziehung" um eine Förderung der Orientierung des Einzelnen in der Gesellschaft und der konstruktiv-kritischen Haltung gegenüber vermittelten Erfahrungen zu bemühen.. ..."*
>
> *(Erlass des Bundesministeriums für Bildung, Wissenschaft und Kultur BMUKK-48.223/0006-B/7/2011, Rundschreiben Nr. 04/2012)[48]*

Dem Auftrag der Schule junge Menschen einerseits zu kommunikationsfähigen und urteilsfähigen Menschen zu machen und andererseits zu einer konstruktiv und kritischen Haltung gegenüber neuen Medien zu erziehen, kommt die österreichische Schule seit dem Schuljahr 2001/2002 durch die Durchführung des „Media Literacy Award" nach. Dieser Bewerb wird in

---

[47] Vgl. http://www.saferinternet.eu/web/insafe-inhope/home

[48] http://www.bmukk.gv.at/schulen/unterricht/prinz/medienpaedagogik.xml (16.11.2012)

ganz Europa durchgeführt und prämiert „Best-Practice-Projekte", in denen Medienkompetenz bewiesen werden muss.[49]

Der neue Erlass zur Medienerziehung trägt der Tatsache Rechnung, dass die rasante Entwicklung der technischen Möglichkeiten positive und negative Seiten aufweist. Die Möglichkeiten der Datenübertragungen und die vielfältigen sozialen Vernetzungen werden immer anspruchsvoller. Die Zielsetzungen im Medienerlass gliedern sich in:

Aktive Teilhabe an Kommunikationsnetzen

Mediennutzung

Kommunikation mit und durch Medien

Medien als Wirtschaftsfaktor oder als Institution

Eigene Medienschöpfungen

Neben der Beachtung der neuen Medien müssen auch die Beschäftigung mit den herkömmlichen Medien, wie z.B. Zeitung und Fernsehen, beachtet und unterrichtet werden.

Medienpädagogik ist ein Unterrichtsprinzip. Daher ist der Hauptfocus des Erlasses auf die Schule und die darin agierenden Personen gerichtet. Da Medienerziehung ein pädagogischer Akt ist, kann er nicht nur auf Schule beschränkt sein. Ebenso sind mit dem Medienerlass auch die Eltern angesprochen. Die Definition im Medienerlass über Medienpädagogik ist sehr weit gefasst: *„Medienpädagogik umfasst alle Fragen der pädagogischen Bedeutung von Medien in Bildung, Freizeit und Beruf."* [50]

Moderne Medien sind allgegenwärtig und werden auch so konsumiert. Es gibt keine eingeschränkten Nutzungszeiten. Die Online- Welt ist den ganzen Tag und die ganze Nacht aktiv und überall gegenwärtig.

Der Medienerlass unterteilt die Medienpädagogik in zwei Teile. Zunächst wird die Mediendidaktik beschrieben, die sich mit den Funktionen und Wirkungen von Medien bei Lehr- und Lernprozessen auseinandersetzt. Hier wird im klassischen Sinne der Mediennutzung der sinnvolle Einsatz im Unterricht verstanden. Der zweite Teil ist die Medienerziehung, die zur „kritisch-reflexiven" Nutzung aller Medien heranführen soll.[51] Die Medien werden im Unterricht thematisiert. Sie sind somit ein Unterrichtsgegenstand.

---

[49] Vgl. http://www2.mediamanual.at/themen/practice/mmt_21_modell_medienbildung.pdf

8.2 Medienkompetenzen

Chancengleichheit für alle Kinder und Jugendlichen kann als Grund für ein eigenes Schulfach Medienkompetenz angeführt werden. Es kann nicht davon ausgegangen werden, dass alle Kinder und Jugendlichen die gleichen Voraussetzungen haben, um in der Online-Welt gleich auftreten zu können, und es ist zu berücksichtigen, dass sie wegen finanzieller Probleme nicht immer up to date sein können. Gerade diese Gruppe sollte in der Schule Kompetenzen erwerben können, um den digitalen Anschluss nicht zu verlieren oder wegen mangelnder Voraussetzungen in der digitalen Wissensgesellschaft nicht bestehen zu können. Bernhard Jungwirth, Geschäftsführer des Österreichischen Instituts für angewandte Telekommunikation (ÖIAT) und Projektleiter von Saferinernet.at, meint dazu:

> *„Der kompetente Umgang mit digitalen Medien wird häufig als vierte Kulturtechnik bezeichnet. Die Förderung der Medienkompetenz von Kindern ist daher ein wichtiger Auftrag für Eltern und die Schule. Die EU-Kommission definiert Medienkompetenz als `die Fähigkeit, die Medien zu nutzen, die verschiedenen Aspekte der Medien und Medieninhalte zu verstehen und kritisch zu bewerten, sowie selbst in vielfältigen Kontexten zu kommunizieren´. „*[52]

Um diese „vierte Kulturtechnik" zu beherrschen sind Kernkompetenzen nötig. Zunächst geht es darum zu **erkennen** welche Informationen im Netz glaubwürdig sind. Dies ist ein erster Schritt, um sich sicher in der Online-Welt zu bewegen. Cybermobbing geschieht vor allem durch das Nichterkennen von seriösen und unseriösen Inhalten in sozialen Netzwerken. Cybergrooming basiert auf dieser Tatsache. Für Kinder und Jugendliche ist es sehr wichtig eine eigene Identität im Netz zu schaffen und aufzubauen. Dies verlangt ein dauerhaftes Tun und ein Sich-ständig-darum- kümmern. Eine digitale Identität verlangt eine **aktive Haltung** im Umgang mit digitalen Medien und dabei das Wissen um Sicherheit und das Erkennen der Grenzen der Selbstdarstellung.

---

[50] http://www.bmukk.gv.at/medienpool/5796/medienerziehung.pdf; Seite 2 (16.11.2012)

[51] Vgl. http://www.bmukk.gv.at/medienpool/5796/medienerziehung.pdf Seite 2 (16.11.2012)

[52] http://www.oe2020.at/home/meinungsforum/174/Bernhard-Jungwirth-Medienkompetenz-foerdern (24.11.2012)

Daran schließt die Tatsache an, dass ich als User von social media **einschätzen** können muss, wie sich meine Verhalten in sozialen Netzwerken auswirkt, bzw. auch negative Auswirkungen auf andere haben kann. Cybermobbing basiert auf das „Fertigmachen" von anderen. Dies geschieht durch Fotos, Filme, und Texte, die ein Täter verwendet. Kindern und Jugendlichen fehlt diese Kompetenz, sich selbst und ihr Tun richtig einzuschätzen.

Alle Aktivitäten im Netz sind gespeichert. Dieses Wissen ist bei vielen noch nicht vorhanden. Auf der andern Seite muss ein jugendlicher User **unterscheiden** können was er von sich preisgibt und somit von jedem eingesehen werden kann, oder welche Daten keinesfalls im Netz gepostet werden dürfen. Je älter die User werden, desto höher steigen die Sicherheitseinstellungen und die Gruppen mit denen ich kommuniziere, werden exklusiver. Bei jüngeren Usern, besteht die Gefahr sich in der unendlichen Fülle nicht zurecht zu finden und gleichfalls bedenkenlos sensible Daten auf ihre Profilseite zu stellen. Damit ist Cybermobbing sehr leicht möglich. Der Gemobbte kann auf verschiedenen Ebenen angegriffen werden.

Die richtigen Reaktionen auf diese unangenehmen Folgen der eigenen Unachtsamkeit, können erlernt werden. **Richtiges Reagieren** auf Mobbing setzt voraus, dass die User über ihre Rechte Bescheid wissen. Die rechtlichen Gegebenheiten sind klar verankert. Nur braucht es auch die nötige Konsequenz, sich mit diesen Dingen zu beschäftigen. Cybermobbing geschieht sehr oft durch Manipulation an Bildmaterial. Die Kompetenz zu wissen was die Rechte am eigenen Bild bedeuten, ist grundlegend für adäquates Reagieren auf Mobbing in sozialen Netzwerken.

Eltern sind in ihrer Rolle gefragt als diejenigen, die das Tun ihrer Kinder in der Online-Welt hinterfragen. Durch ihre Teilhabe am Internet-Nutzungsgeschehen ihrer Kinder können sie einen wertvollen Beitrag leisten, damit auch diese generell lernen ihre Onlineaktivitäten **kritisch zu hinterfragen**. Die jugendlichen User erkennen durch ihr Tun im Netz, dass Selbstkritik von Nöten ist. Alle gesetzten Handlungen haben Folgen und können sich auf den Akteur auswirken. Kein Geschehen bleibt isoliert. Alles wird protokoliert und kann gegen einen selbst verwendet werden. Soziale Netzwerke sind sinnvoll und wichtig. Die kritische Reflexion mit dem eigenen Handeln als Kompetenz, um zu erkennen welche Potentiale vorhanden sind, gilt es zu erwerben. Erziehung und damit auch Medienerziehung muss den Focus auf die Stärkung des Selbstbewusstseins der Kinder und Jugendlichen richten:

„Kinder und Jugendliche, die lernen, selbstbewusst und
selbstbestimmt zu agieren, wissen sich in schwierigen
Situationen besser zu helfen. Sie beziehen Angriffe weniger
auf sich selbst und können in der Regel gelassener mit
Mobbing umgehen" [53]

Aus dieser Stärke heraus und der Aneignung von Wissen über die Chancen als auch die Gefahren von sozialen Netzwerken, ist es den Usern möglich **kompetent** auf Cybermobbing zu reagieren. Kompetent bedeutet in diesem Fall die Inanspruchnahme von Hilfe, die seriös und vertrauenswürdig ist. Eine Hilfestellung, die praktikabel und für den Betroffenen rasche Entlastung in der Problemsituation bedeutet.

Soziale Netzwerke sind auf die möglichst große Teilnahme von Usern ausgelegt. Eine social community funktioniert nur und ergibt nur Sinn, wenn sie von engagierten Usern betrieben und benützt wird. Wird diese Gemeinschaft durch Gewaltakte gestört, sind die User aufgerufen **soziale Kompetenzen** zu entwickeln und sich gegenseitig zu stärken. Diese können darin bestehen sich untereinander darüber auszutauschen, wie schon mal auf Cybermobbing reagiert worden ist, welche Hilfestellungen angenommen wurden, bzw. welche Experten es gibt, die unbürokratisch helfen können. Auch wenn User meistens allein vor dem Computer agieren, sind sie nicht allein. Dieses Bewusstsein, dass ein soziales Netzwerk eben auch sozial im Sinne des gegenseitigen Helfens sein kann, gehört gestärkt und herausgearbeitet.

---

[53] http://www.saferinternet.at/fuer-lehrende/ (24.11.2012)

9. Hilfestellungen und Information

In den letzten Jahren entwickelte sich immer mehr ein Bewusstsein bei verantwortlichen Stellen sich nicht nur mit diesem aktuellen Thema zu befassen, sondern speziell für Schulen konkrete Hilfestellungen anzubieten.

9.1 Allgemein - EU

In den letzten Jahren entwickelte sich immer mehr ein Bewusstsein bei verantwortlichen Stellen sich nicht nur mit diesem aktuellen Thema zu befassen, sondern speziell für Schulen konkrete Hilfestellungen anzubieten. Auf EU-Ebene wurde mit der Aktion des „Safer Internet Day" bereits 2002 der Versuch unternommen, in allen Mitgliedstaaten der EU einen gemeinsamen Aktionstag im Rahmen des „Safer Internet Programme – Empowering and Protecting Children Online" durchzuführen. Diese Aktion bleibt inzwischen nicht auf einen Tag beschränkt. Die Aktionen dauern den ganzen Monat Februar an. Die Aktivitäten, die sich nicht nur auf die Schule beschränken, dort aber natürlich besonderen Widerhall finden, sind sehr umfangreich. LehrerInnen sind dazu aufgerufen, Unterrichtseinheiten zum Umgang mit dem Internet zu erstellen. Ganz konkret setzen sich SchülerInnen und LehrerInnen mit den Sicherheitseinstellungen auf Facebook auseinander und versuchen Anti–Cybermobbing- Maßnahmen für ihre Schule zu erstellen. Die österreichische Variante der EU-Initiative saferinternet.at ruft nicht nur die Schule zu Aktivitäten auf. Angesprochen sollen sämtliche Institutionen und Vereine sein, die mit jungen Menschen zu tun haben. Saferinternet.at definiert die Ziele des „Safer Internet Days" neu: *„Gemeinsam wollen wir den Nutzer/innen ins*

> *Bewusstsein rufen, wie unverzichtbar ein sicherer*
> *Umgang mit dem Internet ist! Wir wollen Kinder,*
> *Jugendliche, Eltern und Lehrende mit greifbaren*
> *Informationen und leicht umsetzbaren Tipps*
> *unterstützen! Wir wollen Institutionen, Organisationen,*
> *Verbände, Bildungseinrichtungen, Unternehmen, Initiativen*
> *und Privatpersonen auf nationaler, regionaler und lokaler*
> *Ebene dazu animieren, an einer internationalen Kampagne*
> *teilzunehmen!"[54]*

---

[54] http://www.saferinternet.at/saferinternetday/ (6.12.2012)

Der „Safer Internet Day" ist inzwischen nicht nur auf die EU-Mitgliedsländer beschränkt. Er hat internationale Dimensionen erreicht und ist bemüht diese weiter auszubauen:

> *"Safer Internet Day is part of a global drive to promote a safer Internet for children and young people. On Tuesday 7th February, the 9th edition of Safer Internet Day will be celebrated in more than 70 countries worldwide, and across 6 continents. This event is run by the Safer Internet Centres funded by the Commission through the Safer Internet Programme in 30 European countries."[55]*

Die Organisation die europaweit alle Aktivitäten der EU-Mitgliedsländer koordiniert, ist „Insafe" (=Internet + Safe). Diese Organisation verbindet die Umsetzung aller nationalen Aktivitäten und die Veröffentlichung aller Ergebnisse der Bemühungen und Kampagnen der Mitgliedsstaaten. „Insafe" wurde durch die Europäische Kommission im Rahmen des Safer Internet Programm gegründet.

In Österreich begann die professionelle Auseinandersetzung mit Schutz und Hilfe im Umgang mit dem Internet in der Begleitung von Schulen mit der finanziellen Unterstützung durch die EU mit dem Beschluss des Europäischen Parlaments vom 11. Mai 2005.[56]

2007 hat die Europäische Union in der Fassung des Vertrags von Lissabon ihren Vertrag zur Gründung der Europäischen Union reformiert. Seit 2009 heißt dieses Abkommen „Vertrag über die Arbeitsweisen der Europäischen Union". Er beinhaltet einen klaren Auftrag für den Schutz und die Sicherheit der Verbraucher und in diesem Falle auch der Benutzer des Internets. Dies wird im Artikel 153 formuliert.[57]

In diesem Artikel geht die Europäische Union auch auf die Gesundheit der Verbraucher ein. Insbesondere wird klar von den Gefahren für Kinder und dem Missbrauch des Internets gesprochen.

> *„Es sollten Maßnahmen auf EU-Ebene beschlossen werden, um die körperliche, geistige und moralische Unversehrtheit von Kindern zu schützen, die dadurch Schaden nehmen könnte, dass sie auf ungeeignete Inhalte Zugriff nehmen.*

---

[55] http://ec.europa.eu/information_society/activities/sip/events/day/index_en.htm (6.12.2012)

[56] Vgl. http://eur-lex.europa.eu/LexUriServ/LexUriServ.do?uri=OJ:L:2005:149:0022:0039:DE:PDF (6.12.2012)

Außerdem müssen auch Maßnahmen getroffen werden, um die sichere Nutzung des Internet und anderer Kommunikationstechnologien zu fördern, damit Bürger die Chancen ausschöpfen und deren Vorteile wirklich in Anspruch nehmen können."[58]

9.2 Saferinternet.at

Im deutschsprachigen Raum wurden die Initiativen der EU in Österreich durch saferinternet.at und in Deutschland durch klicksafe.de realisiert. Die wichtigste Initiative für beide Webseiten ist das „Safer Internet Programme" der EU. Diese Aktion, die die Nutzung moderner Kommunikationsmittel fördern und gleichzeitig die Verbraucher vor unerwünschten Inhalten schützen soll, wurde bereits 1999 gegründet.[59] Im Jahr 2004 wurde saferinternet.at in Österreich gegründet. Die Koordinationsstelle für diese Informations- und Hilfestellungsseite ist das Österreichische Institut für angewandte Telekommunikation (ÖIAT), das schon einige Jahr zuvor Kompetenzen im Bereich Internetsicherheit erworben hat:

---

[57] Vgl. http://dejure.org/gesetze/EG/153.html [8.12.2012]

[58] http://eur-lex.europa.eu/LexUriServ/LexUriServ.do?uri=OJ:L:2008:348:0118:0127:DE:PDF
Amtsblatt der Europäischen Union: L 348/118. 24.12.2008, BESCHLUSS Nr. 1351/2008/EG DES EUROPÄISCHEN PARLAMENTS UND DES RATES vom 16. Dezember 2008, über ein mehrjähriges Gemeinschaftsprogramm zum Schutz der Kinder bei der Nutzung des Internets und anderer Kommunikationstechnologien, Seite 1 [2.7.2011]

[59] Vgl. http://www.klicksafe.de/ueber-klicksafe/die-initiative/projektinfo/wer-ist-klicksafe/ (8.12.2012)

„Das ÖIAT wurde 1997 gegründet und ist ein unabhängiger,
gemeinnütziger Verein. Es unterstützt Unternehmen,
Privatpersonen, NGOs und die öffentliche Hand beim
sicheren und effizienten Einsatz von Informations- und
Kommunikationstechnologien. Es ist Mitglied bei Austrian
Cooperative Research (ACR), dem Dachverband der
kooperativen Forschungseinrichtungen. Weitere bekannte
Projekte des ÖIAT sind beispielsweise der Internet-
Ombudsmann oder das E-Commerce Gütezeichen." [60]

Saferinternet.at betreibt auch als Partnerwebseite „Handywissen.at." Diese Internetseite ist darauf spezialisiert Kindern, Eltern und auch Lehrenden Informationen über die Gefahren des Handys zu geben. Da Cybermobbing natürlich auch mit den Handys der neueren Generation als Medium für einen Internetzugang möglich ist, ist Aufklärung in diesem Bereich sehr wichtig. Daneben werden auch die für Kinder und Jugendliche relevanten Themen, wie Handykosten, Strahlung, Belästigung, Datenschutz, Jugendschutz, Fotos Musik und Videos, mobiles Internet, Handyortung und Notfälle behandelt. Ein Stichwortlexikon erleichtert die Themensuche. Zum Thema Cybermobbing werden einige interessante Tipps und weiterführende Weblinks angeboten. Auch hier liegt es wieder in der Eigeninitiative des Lehrers sich ausreichend zu informieren und weiterzubilden. Der einzige Hinweis auf eine österreichische Einrichtung des Unterrichtsministeriums, die Hilfe für Lehrende anbieten will, ist der Verweis auf die Webseite „Die weiße Feder". Darauf wird noch speziell eingegangen. Ansonsten zeigt sich auch hier der Missstand, dass Lehrende keine entsprechende Ausbildung erhalten. Es bleibt den Unterrichtenden überlassen wie weit sie sich auf diesen alltäglichen Gegenstand, der aber doch so wichtige Bedeutung für die Thematik Cybermobbing hat, einlassen. Die Webseite beinhaltet sehr gute und praktische Hinweise für LehrerInnen was bei Mobbing zu tun sei: *"Bieten Sie Hilfe für die betroffenen*

SchülerInnen an: Stellen Sie sicher, dass Erwachsene als
Ansprechpersonen zur Verfügung stehen. Eine
ergänzende Unterstützung kann sein, SchülerInnen als
MediatorInnen auszubilden ("Peer Counselling"). Erarbeiten
Sie gemeinsam mit den SchülerInnen Schulregeln ("Was
ist okay und was nicht?"). Beraten Sie die Eltern. Betonen
Sie stets zur Abschreckung des Täters/der Täterin, dass

---

[60] http://www.oiat.at/index.php?id=407 (8.12.2012)

er/sie möglicherweise eine Straftat begeht ("Anti-Stalking-
Gesetz" §107a StGB: Beharrliche Verfolgung)."[61]

Unterrichtende sind damit aufgefordert aktiv zu werden. Sie sollen dieses Thema behandeln, sollen Regeln zum Schutz aufstellen, MediatorInnen ausbilden und selbst ExpertInnen in Sachen Cybermobbing werden. Aber es liegt an ihrem Können und Vermögen inwieweit sie sich damit beschäftigen wollen. Sie werden damit allein gelassen und letztendlich auch die Kinder und Jugendlichen, die unter Mobbing leiden.

Unter dem Menüpunkt „Beirat" werden 37 Institutionen, Vereine, Firmen, Kammern und Ministerien angeführt, die die saferinernet.at-Seite unterstützen. Der Nutzen besteht darin, dass sich alle Angeführten vernetzen und inhaltlich austauschen sollen.[62] Das Unterrichtsministerium ist nur eine Institution neben vielen. Auch sechs weitere Bundesministerien sind angeführt. Einerseits ist die gegenseitige Vernetzung und möglichst breite Aufstellung zum Thema Computersicherheit sehr gut, weil diese Thematik nicht eindimensional verläuft, sondern auf allen Ebenen der Gesellschaft sich abspielt. Auf der anderen Seite fehlt die herausragende Betonung der Schule und der Unterrichtenden, die mit diesen Problemen in ihrer täglichen Arbeit konfrontiert sind. Das Unterrichtsministerium sollte eine Vorreiterrolle einnehmen und die zu schulende Kompetenz der LehrerInnen ernst nehmen. Die Problematik wird verschleiert, wenn das führende Ministerium hier keine Leitfunktion übernimmt und nur unter vielen andern im Beirat aufscheint. Auch auf der Webseite des Ministeriums gibt es nur im Menü „Projekte, Wettbewerbe, Initiativen" den Link zur Internetplattform „Die weiße Feder".[63]

Das Thema Cybermobbing ist eines der wichtigsten Kapitel auf der Webseite. Dementsprechend wird ihm viel Raum eingeräumt und die Informationsdichte ist hier besonders hoch. Die Information richtet sich vor allem an Eltern und Lehrer, die noch wenig Ahnung von dieser Mobbingart haben. Definiert wird Cybermobbing folgendermaßen:

> *„Der Begriff „Cyber-Mobbing" bezeichnet das absichtliche*
> *und meist länger andauernde Beleidigen, Bedrohen,*
> *Bloßstellen oder Belästigen anderer über digitale Medien.*
> *Cyber-Mobbing findet vor allem im Internet (Soziale*
> *Netzwerke, Chats, Messenger, E-Mails …) oder per Handy*
> *(SMS, lästige Anrufe, Handyfotos und -videos …) statt. Die*
> *Attacken gehen in der Regel von Personen aus dem eigenen*

---

[61] http://handywissen.at/infos-fuer-lehrende/ (8.12.2012)

[62] http://www.saferinternet.at/beirat/ (8.12.2012)

[63] http://www.bmukk.gv.at/schulen/pwi/index.xml (8.12.2012)

Umfeld aus. Mobbing ist an sich kein neues Phänomen –
Cyber-Mobbing weist aber dennoch einige Besonderheiten
auf:"

Mit diesen Besonderheiten werden Gegebenheiten angeführt, die den Unterschied zum herkömmlichen Mobbing verdeutlichen, wie z.b. dass **Cyber-Mobbing rund um die Uhr stattfindet, dass Cyber-Mobbing ein großes Publikum erreicht, und dass Cyber-Bullys scheinbar anonym agieren.**[64] Saferinternet.at klärt grundsätzlich den Tatbestand dieser neuen Art von Mobbing auf. Die Webseite richtet sich also an Erwachsene, die das erste Mal damit konfrontiert sind. Den Verantwortlichen von saferinternet.at ist klar, dass damit in erster Linie Lehrpersonen angesprochen werden sollen. Sie sind diejenigen, die jeden Tag mit sehr vielen Kindern und Jugendlichen zu tun haben. Implizit wird damit auch angenommen, dass viele Unterrichtende mit diesen Problemfeldern erstmals in Berührung kommen. Diese wird im Menüpunkt „Für Lehrende" sehr deutlich. In der Einleitung heißt es dazu: *„Erfahren Sie hier, wie Sie die sichere Internet- und*

Handynutzung in der Schule zum Thema machen können –
und zwar von der Volksschule bis zur Oberstufe –, wie Sie
digitale Medien kreativ in den Unterricht einbringen und wie
Sie bei Problemen (z.B. Cyber-Mobbing, Tausch
ungeeigneter Inhalte ...) richtig reagieren."[65]

Hier wird den Unterrichtenden deutlich gemacht, dass sie enormen Nachholbedarf bei der Auseinandersetzung mit digitalen Medien haben. Sie sind diejenigen, die bei Problemen richtig reagieren sollen. Die Information gleicht einem Appell zum Handeln!

Dem Thema Cybermobbing wird auf der Internetseite natürlich sehr viel Raum gewidmet. Neben dem Versuch das Problem zu definieren und den rechtlichen Möglichkeiten für Verfolgte und den Konsequenzen für die Täter, wird der Schule und den Lehrenden große Aufmerksamkeit gewidmet. Noch mehr Information, aber vor allem Aufforderungen an Lehrende zum Handeln, finden sich unter dem Menüpunkt „für Lehrende". Lehrpersonen sind die Hauptansprechpersonen im Zusammenhang mit digitalen Medien, sie sind diejenigen, die vor Ort mit den Problemen konfrontiert sind, und ihnen wird mehr Kompetenz abverlangt als den Eltern. Sie werden aufgefordert SchülerInnen als KoordinatorInnen auszubilden, die nicht nur andere SchülerInnen zu Internetcoaches ausbilden, sondern auch ein eigenes Netzwerk betreuen können:

---

[64] Vgl. http://www.saferinternet.at/cyber-mobbing/ (8.12.2012)

[65] http://www.saferinternet.at/fuer-lehrende/ (8.12.2012)

„Trennen Sie das unterrichtsbezogene vom
administrativen Schulnetzwerk. Um Schüler/innen in die
Betreuung des unterrichtsbezogenen Netzwerkes einbinden
zu können (damit erwerben sie die entsprechenden
Kompetenzen und entlasten die zuständigen Lehrkräfte), ist
eine Trennung vom administrativen Schulnetzwerk sinnvoll.
Damit ist es auch weniger wahrscheinlich, dass
Schadprogramme das komplette Schulnetzwerk lahm
legen.[66]

Diese Aufforderung an Lehrpersonen ist illusorisch, da es dazu Fachkräfte braucht, die sich mit Netzwerken auskennen. Auch andere angeführte Punkte sind sehr schwer ohne spezielle Ausbildung umzusetzen, wie z.B. die Forderung nach dem gemeinsamen Sperren von Internetseiten wie Facebook und YouTube. Im Bundesschulzentrum der berufsbildenden Höheren und Mittleren Schulen in Landeck gibt es bereits seit Jahren WLAN-Verbindungen im ganzen Schulgebäude. Den SchülerInnen steht dieses auch in den Freistunden, Mittagspausen und auch am Wochenende gratis zur Verfügung.

Die sehr gut gemeinten Ratschläge auf der Internetseite saferinternet.at sind zum überwiegenden Teil nicht umsetzbar. Es fehlt hier an ausgebildeten Fachkräften, die den Unterrichtenden Einschulungen geben. Mit der Aufforderung *„Treffen Sie klare Vereinbarungen, was erlaubt ist und was nicht"*[67] ist zwar ein Appell gesetzt. Die Umsetzung ist aber viel schwieriger. In berufsbildenden Mittleren und Höheren Schulen gibt es ausgebildete Fachkräfte, wie z.B. Netzwerkadministratoren, Lehrer die Programmierer und Softwaredesigner sowie Experten in Multimedia und Datenbankmanagementsystemen sind. In eigenen EDV-Fächern werden die SchülerInnen in Betriebssystemen und in den Office- Programmen unterrichtet. Trotz dieser Bündelung von Fachpersonal ist es nicht selbstverständlich, dass diese LehrerInnen sich bei der Thematik Cybermobbing auskennen und es ist nicht vorauszusetzen, dass sie sich selbst zu Expertinnen ausbilden. Alle übrigen Unterrichtenden sind, sofern sie sich nicht selbst mit dieser Thematik auseinandergesetzt haben, weit davon entfernt die Vorschläge von saferinternet.at umzusetzen.

Die Webseite verweist weiters auf die Möglichkeit der Schaffung einer "Internet- und Handy-Policy", also eines Regelwerkes in der Schule zur sicheren Nutzung des Internets. Zur Erstellung dieser Verhaltensvereinbarungen werden alle eingeladen, die im Schulgemeinschaftsausschuss oder Schulforum mitarbeiten. In 11 Punkten werden Vorschläge für ein

---

[66] http://www.saferinternet.at/fuer-lehrende/ (9.12.2012)

[67] Vgl. http://www.saferinternet.at/fuer-lehrende/ (9.12.2012)

Regelwerk gemacht. Es ist nicht ersichtlich für welchen Schultyp diese Ideen ins Netz gestellt wurden. Für eine Höhere Schule sind sie zum Großteil nicht anwendbar, weil die Jugendlichen in Sachen Internet und Handy einen so großen Wissensvorsprung haben, dass Hinweise wie z.B. auf die nicht kommerzielle Nutzung von *„urheberrechtlich geschütztem Material"*[68] selbstverständlich sind. Ebenso die Hinweise auf die Quellenangabe aus dem Internet.

Mit dem Menüpunkt *„Welche Services bietet saferinternet.at?"*[69] werden weiterführende Links angeboten, aber auch für den Unterricht einsetzbares Material. Der Hinweis auf Online-Kurse auf der E-learning-Plattform Moodle ist sehr gut aufgebaut. Hier ist es möglich direkt auf Moodle zuzugreifen und Kurse zum Thema Internet-Sicherheit zu absolvieren, oder diese in die eigene Moodle-Plattform einzuspielen. Nur lässt sich auch hier wieder nachweisen, dass diese Kurse nur für LehrerInnen geeignet sind, die sich sowohl mit Internet-Sicherheit, als auch mit der e-learning-Plattform Moodle auskennen. Unterrichtende, die damit noch keine Erfahrung haben, werden sich am Anfang sehr schwer tun. Insgesamt ist festzustellen, dass das angebotene Material für SchülerInnen der Oberstufe wenig bietet. Ein engagierter Lehrer, der sich ernsthaft mit dem Thema der Internet-Sicherheit beschäftigen will und seinen SchülerInnen wirklich Hilfestellungen anbieten will, wird enttäuscht sein.

9.3 „Die Weiße Feder"

Die Initiative *"Weiße Feder - Gemeinsam für Fairness und gegen Gewalt"*[70] wurde 2007 gegründet. Das Logo der „Weißen Feder" soll symbolisieren, dass Gewalt an Kindern und Jugendlichen keinen Platz hat. Auf der Webseite des Bundesministeriums für Unterricht und Kunst werden die Inhalte und Absichten kurz erklärt. Für LehrerInnen ist folgende Passage interessant:

> *„Entscheidend ist, dass bei einem schulweiten Vorgehen zur Gewaltprävention durch eine gemeinsame Verantwortungsübernahme Gewaltvorkommnisse verhindert werden sowie ein einheitliches, konsequentes Vorgehen in Ernstfällen besteht. Hiefür gelten als Voraussetzungen das*

---

[68] Vgl. http://www.saferinternet.at/fuer-lehrende/ (9.12.2012)

[69] http://www.saferinternet.at/fuer-lehrende/ (9.12.2012)

[70] http://www.bmukk.gv.at/schulen/pwi/pa/weissefeder.xml (26.12.2012)

Rüstzeug für gewaltpräventives Arbeiten und die damit verbundenen Aus- und Weiterbildungen der Lehrerinnen und Lehrer. In allen Bundesländern bieten die Pädagogischen Hochschulen zu diesem Thema fachspezifische Lehrveranstaltungen und Zusatzprogramme an."[71]

Die Unterrichtenden sind dazu angehalten Gewaltprävention durch Übernahme von Verantwortung in ihren Schulen durchzuführen. Die Pädagogischen Hochschulen stellen die Möglichkeiten für Aus- und Weiterbildungen zur Verfügung. Cybermobbing als ein wichtiger Teilbereich von Mobbing und somit massiver Gewaltausübung an Schulen, könnte demnach ein Hauptbestandteil der Ausbildungsangebote für LehrerInnen sein.

Die Pädagogische Hochschule Tirol bietet beispielsweise in ihrem Ausbildungskatalog für das Schuljahr 2012/2013 in einem Seminar mit dem Titel „Schwerpunkttag: Belastungen blockieren - Blockaden belasten"[72] eine Information für LehrerInnen aus allen Schultypen über Cybermobbing an. Es handelt sich dabei um einen Input eines Experten der Universität Innsbruck, aber um keine Fort- bzw. Ausbildung zu diesem wichtigen Thema. Natürlich ist die Information an sich sehr nützlich, aber die Erkenntnis, dass LehrerInnen aller Schultypen dringend eine Ausbildung benötigen, um dem immer mehr um sich greifenden Phänomen des Mobbings in der Cyberwelt kompetent zu begegnen, fehlt eindeutig. Eine Ausbildungsstätte wie eine Pädagogische Hochschule muss nicht nur informieren, sondern die Kompetenz derjenigen stärken, die jeden Tag an ihrem Arbeitsplatz mit den Auswirkungen von Cybermobbing zu tun haben.

Ebenfalls wird ein weiterer Vortrag angeboten, der wiederum nur Information, aber keine Ausbildungsmöglichkeit erhält: „Cyberbullying (= Mobbing übers Internet) an meiner Schule (Vortrag)"[73] Dieser Vortrag wird noch dazu unter der Rubrik IT- und Medienkompetenz geführt.

---

[71] http://www.bmukk.gv.at/schulen/pwi/pa/weissefeder.xml (26.12.2012)

[72] https://www.ph-online.ac.at/pht/lv.detail?clvnr=179484 (26.12.2012)

[73] https://www.ph-online.ac.at/pht/lv.detail?clvnr=179130 (26.12.2012)

Auf der Webseite der „Weißen Feder" findet sich als Menüunterpunkt die Rubrik „Gewalt und Mobbing". Hier wird sehr allgemein mittel Definitionen dieses Thema behandelt. Es findet sich kein Hinweis auf Cybermobbing. Unter dem Menüpunkt „Schule – Die Rolle der Lehrerinnen und Lehrer" sind wiederum nur sehr allgemeine Hinweis und Ratschläge zu finden, wie: „*Auf Schulebene können sich LehrerInnen durch (1) Mitarbeit im Schulteam*

sowie (2) der Zusammenarbeit und Kommunikation mit dem Lehrerkollegium bei einem schulweiten Vorgehen zur Gewaltprävention beteiligen."[74]

Es fehlen Hinweise auf Institutionen, die Aus- und Weiterbildungen anbieten. Es scheinen nur Hinweise zur Gesprächsführung mit dem Opfer, dem Täter, den Eltern und Experten auf. Diese Webseite ist eine reine Informationsseite, die keinen Anspruch auf nachhaltige Weiterbildung für Unterrichtende erheben kann. Ebenso sind die Hinweise für die Schulleitung sehr breit gefächert. Es fehlen konkrete Hinweise darauf, wie Schule mit dem Problem Mobbing umgehen soll. Der appellative Charakter ist vorherrschend. Die Initiative zu einer wirklichen Auseinandersetzung mit der Problematik von Mobbing, insbesondere Cybermobbing, bleibt dem einzelnen Lehrer überlassen. Die Schule ist angefragt einen Maßnahmenkatalog gegen Gewalt in die Hausordnung aufzunehmen. An eine wirkliche Gewaltprävention durch Stärkung der Lehrerkompetenzen in Sinne einer IT-Fortbildung zum Thema Cybermobbing wird nicht gedacht und Entsprechendes wird auch nicht angeboten.

9.4 Der Tiroler Bildungsserver des Landes Tirol

Saferinternet.at ist die Einrichtung auf österreichischer Ebene, die die Vorgaben der Europäischen Union bezüglich Internetsicherheit umsetzt. Die „Weiße Feder" ist die Initiative des Bundesministeriums für Unterricht und Kunst, welche versucht, die Gewalt an Kindern und Jugendlichen im Umfeld Schule zu thematisieren und speziell LehrerInnen für dieses Thema zu sensibilisieren. Auf der Ebene der Bundesländer fällt der Verein TIBS (=Tiroler Bildungsserver) auf. Dieser Zusammenschluss von mehreren Partnern, die im Bildungswesen in Tirol tätig sind, wird vom Land Tirol finanziert. Als Kooperationspartner werden die Kirchliche und die Staatliche Pädagogische Hochschule genannt, die Universität Innsbruck, das Land Tirol und der Landesschulrat, die Fachhochschule MCI (= Managementcenter Innsbruck) und das Bundesministerium für Unterricht und Kunst. Die „education group" scheint ebenso auf. Das

---

[74] http://www.gemeinsam-gegen-gewalt.at/schule/#p2 (26.12.2012)

ist die vergleichbare Webseite des Landes Oberösterreich. Auch hier liegt der Focus des Angebotes auf Fort- und Weiterbildung von Pädagogen, die mit neuen Medien arbeiten wollen.

Der gemeinnützige Verein „Tiroler Bildungsserver" dient also zur Förderung von neuen Medien im Bildungswesen. Darüber hinaus wird die enge Zusammenarbeit mit betroffenen Einrichtungen forciert. Der Verein formuliert in seinen Zielen Folgendes:

> *„Insbesondere geht es um den Aufbau und die Betreuung einer Internet-Plattform, die ein umfassendes Angebot für alle an Bildung Interessierten und Beteiligten zur Verfügung stellt, das sich am aktuellen Stand der Technik orientiert, sowie um die Gewinnung von Mitteln, die zur Verwirklichung dieses Zweckes erforderlich sind."*[75]

Die wichtigsten Arbeitsziele des Vereins sind die Vernetzung aller Bildungsangebote und dass mit dieser Webseite eine leicht zugängliche Informations- und auch Kommunikationsplattform geboten werden soll. Vor allem geht es aber um die konkrete Umsetzung von Projekten in Kooperation mit der Wirtschaft und im Bildungsbereich, in denen die neuen Medien im Mittelpunkt stehen. Speziell werden die Punkte „Telelernen, Telelehren und Telearbeit"[76] hervorgehoben. Sehr wichtig erscheint dem Verein das Anliegen die enge Zusammenarbeit mit anderen deutschsprachigen Partnern im Bereich Bildungsserver hervorzuheben. Internetthemen benötigen einen Austausch und eine Kooperation bei der Lösung von neu auftauchenden und bereits bestehenden Problemen. Daraus resultieren als eine weitere Aufgabe die Hervorhebung der Öffentlichkeitsarbeit und die Bewusstmachung der Inhalte eines Bildungsservers.

Bei den Vereinsstatuten werden die Intuitionen bezüglich der Arbeitsweise nochmals klarer herausgearbeitet. Es gibt drei verschiedene Abteilungen, die sich in eine pädagogische, eine technische und eine Koordinationsarbeitsgruppe gliedern. Interessant ist die Ausrichtung des pädagogischen Arbeitsteams: *„Die Aufgaben der Pädagogischen*

> *Abteilung betreffen Koordination,*
> *Contentaufbereitung, Erstellung, Entwicklung und*
> *Betreuung von Pilotprojekten,*
> *Betreuung und Begleitung von Projekten (z.B. e-*
> *Learning), Portalbetreuung und Support-Bereitschaft*

---

[75] http://www.tibs.at/content/impressum (29.12.2012)

[76] Vgl. http://www.tibs.at/content/impressum (29.12.2012)

und Kompetenz zur Mitarbeit in der Lehreraus- und
-fortbildung, Teamarbeit, Zusammenarbeit mit
Arbeitsgemeinschaften (…)"[77]

Der Bereich der Lehrerfort- und -weiterbildung wird stark betont. Das Anliegen des Bildungs-servers ist eindeutig. Neue Medien und ihr Inhalt werden an Pädagogen vermittelt. Die Ge-fahren dieser Neuen Medien, bzw. das Wissen um die Schattenseiten sind dabei ebenfalls Fortbildungsinhalt. Schulmobbing durch neue Medien kann hier Einhalt geboten werden.

Die Startseite des Tiroler Bildungsservers verdeutlicht die Anliegen und Schwerpunkte noch-mals klar ersichtlich. Neben Chronik und Tipps stechen die Menüpunkte Erwachsenenbil-dung, E-Learning, Unterricht und Unterrichtsmaterial hervor. Der Bereich des Unterrichtens mit dem dazugehörigen Material nimmt den größten Raum ein. Auf der Startseite werden zu jedem weiterführenden Menüpunkt nur je fünf Unterpunkte angegeben. Diese sind so struk-turiert, dass sie immer die aktuellsten Vorgänge streiflichtartig benennen. Beim Punkt *Unter-richtsmaterial* sticht neben anderen Themen sofort der Hinweis auf den „Facebook-Check" heraus. Der User wird darauf hingewiesen, dass es sich hierbei nicht nur um eine Weiter-gabe von Informationen handelt, sondern dass Probleme aus dem Leben von Kindern und Jugendlichen eine zentrale Rolle spielen und hier ernst genommen werden. Facebook als Teil der Identität junger Menschen kann nicht ignoriert werden. Die weiteren Inhalte bein-halten Links zu saferinternet.at und da wiederum zum angeführten Unterrichtsmaterial. Die Stichwortsuche zu Cybermobbing ergab insgesamt 12 Treffer, die aber sehr viele Unter-punkte enthalten. Insgesamt ergibt sich eine sehr große Fülle an Material, das von Online-Zeitungsberichten zu weiterführenden Links und zu konkretem Arbeitsmaterial reicht. Dieses Unterrichtsmaterial ist über das Online-Portal des Landes Tirol mit Hilfe der elektronischen Bürgerkarte kostenlos abrufbar. Es finden sich hier neben viel Bildmaterial und Filmen auch Arbeitsblätter und weitere digitalisierte Unterrichtsmaterialien.[78] Bei der Durchsicht der vor-handenen Dateien wird klar, dass hier Unterrichtende die Materialen zusammengestellt und bearbeitet haben. Die Arbeitsblätter sind klar strukturiert und auf die verschiedenen Schul-stufen angepasst. Die Filme sind sorgfältig ausgewählt und zu jedem Videobeispiel gibt es dazu passendes und vor allem sofort einsetzbares Material.

---

[77] http://www.tibs.at/sites/tibs.at/files/100726_Statuten_vom_20100707.pdf (Seite 8)

[78] https://Portalrahmung/lokandoweb/portal/main.php?todo=showResult (29.12. 2012)

Kapitel 3: Wo beginnt Cybermobbing?

Oft beginnt es als Spaß mit dem Fotohandy. Doch wenn peinliche Bilder ohne das Wissen der Fotografierten ins Netz gestellt werden, kann das „globale Dorf" für die Betroffenen schnell zur virtuellen Hölle werden. Das Ziel einer „Hassgruppe" zu sein, führt zu einer massiven sozialen Verunsicherung der Opfer und löst Ängste aus.

Aufgaben: Nenne Beispiele für Cybermobbing, bei denen dir als aktiv Beteiligtem Ärger droht.
Überlege, welche Rechte und Gesetze das Opfer schützen.
Antworten:

1._____

_____

_____

_____

_____

2._____

_____

_____

_____

Abb: 40 Arbeitsblatt Cybermobbing, Lernen Online, Portal Tirol

Das vielfältige Broschürenangebot stammt von klicksafe.de, der vergleichbaren deutschen Variante der von der EU initiierten Hilfestellungseiten zu Cybermobbing. Das LeOn-Portal des Landes Tirol ist seit 2008 online. Der Anspruch der Gründung war, nachdem erkannt worden war wie wichtig die rasche Verbreitung von elektronischen Unterrichtsmaterialien ist, eine Plattform zu schaffen, die es Schulen und Lehrpersonen ermöglicht schnell und unbürokratisch ihren Unterricht auf dem relativ neuesten Stand zu halten, zumindest im Bereich neuer Medien. Die Themen sind auf Grundstufe, Mittelstufe und Oberstufe verteilt. LeOn beschreibt das Angebot und die Vielfalt folgendermaßen: *„Aktuell befinden*

> *sich ca. 650 Themenbanken mit mehr als 20.000 Medien auf*
> *LeOn. Pro Jahr wächst das Angebot um mindestens 70*
> *hochwertige Themenbanken. Deren Inhalte sind genau auf*
> *die Schule abgestimmt."*[79]

Der Bildungsserver Tirol und das Internet-Portal LeOn sind zur Zeit sicher die führenden Plattformen für Unterrichtsmaterialen und Information bezüglich aller Probleme, die es im Umgang mit den Neuen Medien und sozialen Medien geht. Das Angebot ist groß und vielfältig und auch gut verwendbar. Nur liegt hier wie bei den anderen Vereinen auch der Schwerpunkt auf dem engagierten Pädagogen, der es sich zu Aufgabe gemacht hat, seinen Unterricht auf diese Themen abzustimmen. Er findet hier viele Anregungen für seinen Unterricht. Der Notwendigkeit allen Unterrichtenden eine umfassende Fort- und Weiterbildung zur Thematik Cybermobbing anzubieten, wird zu wenig Aufmerksamkeit geschenkt. Es bleibt wiederum bei Einzelinitiativen und Einzelengagement der Lehrenden. Das Gesamtkonzept einer schulstufenübergreifenden Lehrerausbildung zum Schutz von Cybermobbing-Opfern wird auch hier nicht angewandt.

---

[79] http://www.tirol.gv.at/fileadmin/www.tirol.gv.at/themen/bildung/einrichtungen/medienzentrum/bilder/LeOn/LeonFolder2012.pdf (29.12.2012)

10. Schulinitiativen

Saferinternet. at bietet seit vielen Jahren die Möglichkeit für Schulen Mitarbeiter zu buchen, die dann vor Ort mit den SchülerInnen an der Schule während des Unterrichts an relevanten Themen zu Sicherheit und Schutz bei Cybermobbing am PC, Laptop oder Handy arbeiten. Es geht dabei um Aufklärung der Gefahren, das Vereinbaren von Regeln, die Weitergabe von Tipps und Hilfestellungen und der Erfahrungsaustausch untereinander. Viele Schulen waren bereits Teilnehmer an solchen Workshops und haben dieses Angebot für ihre Schülerinnen fix im Schulleben verankert. Andere Schulen versuchen Neues zu entwickeln und nicht nur den Inhalt durch LehrerInnen, die mit der Thematik vertraut sind, weiterzugeben. Kolleginnen aller Fächer und aller Schulstufen können sich Kompetenzen im Bereich Cybermobbing aneignen, indem sie sich auf die Ausarbeitung und Durchführung eines Schulworkshops einlassen.

10.1. Schulinitiative HAK Landeck

Bereits im Jahr 2011 entstand an der Handelsakademie Landeck die Idee einen Workshop für Schülerinnen der ersten Klasse zu organisieren, in welchem die Problematik des sicheren Umgangs mit dem Internet Inhalt sein sollte. Ein engagiertes Team von LehrerInnen, die an der HAK, HAS und HLW Landeck unterrichten, entwarfen unter der Leitung von Frau Prof. Elisabeth Saumwald einen Ablaufplan für diesen Workshop:

ABLAUFPLAN für einen Cybermobbing-Workshop im Stationenbetrieb

Phase	Wie	Ziel	Was	Zeit
	Begrüßung durch Lehrpersonen und Hinführung zum Thema und Erklärung des Stationenbetriebes.	Begrüßung, Sammeln, Einstimmung		5'
Eröffnungsphase	Die S. sollen im Internet ihren Namen „googeln" – was kommt da? Jeder schreibt auf vorbereitete Kärtchen was auf welchen Seiten gefunden wurde. War auch etwas dabei, was der /die Schüler/in nicht vermutet hätte? Waren Infos auf Seiten, die sie nicht kennen? Wie alt sind die ältesten Infos?	Bewusst-werdung über den „gläsernen Menschen"	Internet-Recherche	15'
Station1 Was ist Cybermobbing	Definitionen von Cybermobbing	Wissensinput	Info-Broschüren	20
Station 2 Arbeiten mit Arbeitsaufträgen	Übungen und Tipps zum sicheren Umgang in sozialen Netzwerken und mit dem Handy. Selbstüberprüfung der eigenen Einstellungen.	Praktisches Anwenden des Gelernten	Arbeitsblätter	20
Station 3 Cybermobbing - Regeln	Schüler erarbeiten ihre eigenen Regeln. Sie sollen diese für 3 Bereiche auf Kärtchen schreiben und diese Regeln sammeln und mit denen der LehrerInnen vergleichen. Sammeln aller Regeln auf dem Flipchart.	Verfassen von Regeln, um die eigenen Regelverstöße wahrzunehmen	Kärtchenübung	20

Station 4 Persönliche Erfahrungen	Welche Erfahrungen hast du bisher mit Thematik Cybermobbing gemacht? Sammeln und auf Tafel festhalten.	Empathie für das Leid von anderen entwickeln	Aus-tausch in der Gruppe	20
Station 5 Cyber-Identität	Eigenpräsentation in sozialen Netzwerken! Selber am PC entwickeln und gegenseitig überprüfen was o.k. ist und was nicht!	Praktisches Erarbeiten des eigenen Internet-auftrittes	Arbeit am PC	20
Station 6 Hilfe-stel-lungen	Information und Sammeln des eigenen Wissens wie ich als Betroffener von Cybermobbing Hilfe bekomme und mich gesetzeskonform wehren kann.	Gemeinsames Erarbeiten	Info-Broschüren und Kurz-video	20
Abschluss-runde	In der Gruppe sollen sie aufschreiben „Was habe ich heute gelernt?" – Eine Gruppe auf ein Kärtchen Drei Minuten selbst überlegen und dann in der Gruppe auf ein Kärtchen – an Pinnwände pinnen. Jeder bekommt einen Punkt zum Verteilen und klebt ihn auf das Stimmungsbarometer Dieses wird noch kurz besprochen und zusätzlich gibt es ein Feedback durch die Lehrerinnen und die Präsentation des konkreten Ergebnisses	Selbstreflexion	Kärtchen, Pinnwand	20

Abb. 41 Ablaufplan für einen mehrstündigen Cybermobbing-Workshop an der HAK, HAS und HLW Landeck

Dieser Workshop entstand aus der Notwendigkeit heraus, dass immer wieder jüngere Schülerinnen und Schüler Opfer von Cybermobbingattacken werden. Die Hilflosigkeit der Opfer und auch die Unwissenheit der Täter sowohl über Sicherheitseinstellungen als auch über rechtlich korrektes Sich-Wehren und Schützen in sozialen Netzwerken, machten ein Handeln von Seiten der Schule unabdingbar. Diejenigen KollegInnen, die sich dazu bereit erklärten einen Workshop zu organisieren, waren mit diesen Themen aus ihrem Unterricht bereits vertraut. Einige waren im EDV-Unterricht bereits durch Nachfragen von SchülerInnen konfrontiert worden. Andere KollegInnen kannten sich zwar selbst in sozialen Netzwerken im Internet nicht aus, waren aber gerade deswegen interessiert, hier Kompetenzen für Hilfestellungen zu erlangen. Einen Anstoß dazu gab der alljährliche „Safer-Internet-Day". Dieser wird jedes Jahr im Frühjahr von der Plattform saferinternet.at initiiert. Die Materialien, die es bereits gab, wurden begutachtet und neu auf unsere Situation an der Schule adaptiert. Für die Zukunft ist geplant, dass nicht nur ein Tag für diese Problematik verwendet werden soll, sondern dass die letzte Schulwoche vor den Semesterferien im Februar dazu verwendet werden soll durch Unterrichtseinheiten in allen Klassen bewusstseinsbildend zum Thema Cybermobbing Aufklärung zu leisten.

Bestandteile dieses Unterrichts werden die Themen Computersicherheit, Datenschutz, Cybermobbing, Jugendschutz, Selbstgefährdung, Soziale Netzwerke, Partnersuche und Urheberrechte sein. Einer der wichtigsten Inhalte wird das Thema Cybermobbing in all seinen Facetten sein. Eine weitere Motivation für die Durchführung dieses Workshops am Schulstandort Landeck war die Tatsache, dass der Sitz von saferinternet.at in Wien ist und die Fahrtspesen inklusive Buchungsgebühr für eine Stunde allzu hoch ausgefallen wären.

11. Schlussfolgerungen

Cybermobbing als relativ neue Art der Ausgrenzung, Verunglimpfung und jemanden in der Öffentlichkeit schlecht zu machen ist ein Phänomen, das aus der Welt der Jugendlichen nicht mehr wegzudenken ist. Die technischen Neuerungen der letzten Jahre bilden dazu die Basis. Während Mobbing früher auf den Raum Schule und den Nachhauseweg beschränkt war, spielt sich Cybermobbing in einer viel größeren Dimension ab. Das Internet ist jeden Tag 24 Stunden und beinahe überall gegenwärtig. Es schafft eine Plattform, die es ermöglicht, dass eine sehr große Öffentlichkeit Teil davon wird. Das Opfer muss sich also nicht nur im Klassenraum, der Offline-Welt wehren, sondern auch in der Online-Welt. Ein junger Mensch muss sich heutzutage in der Online-Welt eine zweite Identität schaffen. Es gilt den eigenen Internetauftritt gut zu gestalten und immer wieder zu aktualisieren. Die Entscheidung, in der Onlinewelt Mitglied zu sein, braucht Engagement. Die Vorteile des Dabeiseins sind soziale Anerkennung und Gemeinschaft, auch wenn sich diese in einem virtuellen Raum abspielen. Die Gefahren sind möglicher Ausschluss und Demütigung bis hin zur Vernichtung. Cybermobbing trägt dazu bei, in der virtuellen Welt sozial isoliert zu werden. Bei der Landecker Umfrage gewann diese Erkenntnis zunehmend an Gewicht und auch die hohe Anzahl an rückgemeldeten Onlinefragebögen (457 vollständig ausgefüllte von 530 SchülerInnen) zeigt, dass diese Art des Mobbings ein wichtiges Thema bei österreichischen bzw. generell bei Jugendlichen mit Computerzugang ist.

Die Liga für die Einhaltung der Menschenrechte in Österreich hat sich mit diesen Tatsachen beschäftigt. Ihr Befund, der am 10. Dezember 2012 in Wien präsentiert worden ist, zeigt, dass in der Altersgruppe der 14- bis 19-Jährigen jeder fünfte Befragte schon einmal Opfer von Internetmobbing war. Die Zahl derjenigen, die so etwas bei Bekannten schon mal erlebt haben, liegt bei 36 Prozent.[80]

Es gab natürlich schon früher dramatische Einzelschicksale, wie den Fall der Megan Meier aus den Vereinigten Staaten von Amerika, die sich das Leben als Folge von Cybermobbingattacken nahm. Dies führte immerhin dazu, dass im entsprechenden Rechtsausschuss im US-Kongress ein Gesetzesvorschlag eingebracht worden ist. Ob daraus ein bundesweites Gesetz wird, welches aggressives Verhalten in sozialen Netzwerken unter Strafe stellen soll, ist noch nicht absehbar.[81]

---

[80] Vgl. http://www.liga.or.at/wp-content/uploads/korr2_Menschenrechtsbefund2012final.pdf [30.12.2012]

[81] Vgl. René Stephan, Cyberbulling in sozialen Netzwerken, Maßnahmen gegen Internet-Mobbing am Beispiel von schülerVZ, Seite 10

Die Reaktionen waren in Europa etwas zögerlicher. Es dauerte bis zum Jahr 2009, dass die Europäische Kommission unter der Leitung der damaligen EU-Kommissarin Viviane Reding auf juristischer Ebene aktiv wurde und mit den „Safer Social Networking Principles" ein Regelwerk zur Sicherheit in sozialen Netzwerken vorschlug: *„Ich erwarte*

jedoch von allen Unternehmen, dass sie mehr tun. Die Profile von Minderjährigen müssen standardmäßig als 'privat' eingestuft werden, und auf Anfragen oder Missbrauchsmeldungen ist unverzüglich und angemessen zu reagieren. Das Internet ist heutzutage für unsere Kinder außerordentlich wichtig, und es ist unser aller Verantwortung, das Internet sicher zu machen."[82]

Der letzte äußerst tragische Fall von Cybermobbing mit Todesfolge war die kanadische Schülerin Amanda Todd. Sie stellte auf YouTube eine neunminütige Videobotschaft ins Internet, in welcher sie stumm und nur mit dem Vorzeigen beschriebener weißer Karteikarten ihre Leidensgeschichte erzählte. Sie schickte mit 12 Jahren ein Nacktfoto von ihr an einen Bekannten. Dieser belästigte sie darauf immer wieder und auch mehrere Schulwechsel erlösten sie vor den Cyberattacken nicht. Mit 15 Jahren nahm sie sich am 10. Oktober 2012 das Leben.[83]

Die Ergebnisse der Studie an der Handelsakademie, Handelsschule und Höheren Lehranstalt für wirtschaftliche Berufe in Landeck/Tirol kommen nicht zu so dramatischen Ergebnissen. Dennoch zeigen die Untersuchungen, dass in der Online Welt Jugendliche eine Privatsphäre entwickelt haben, die Eltern und LehrerInnen nicht immer zugänglich ist. Das Kinder- und Jugendzimmer, der Raum, in dem sie sie sich sicher fühlen, befindet sich zu einem Großteil im Cyberspace.

Bei der Befragung ob über einen selbst schon mal peinliche Fotos ins Netz gestellt worden sind, geben die Befragten einer vergleichbaren Studie von saferinternet.at (bei dieser Studie wurden 402 Jugendliche in Österreich befragt) an, dass dies bei 20 Prozent von ihnen zutrifft. Die Jugendlichen der Landecker Studie bejahen diese Thematik mit 40 Prozent. Auf dem Hintergrund des Suizids von Amanda Todd stimmt dieses Faktum sehr nachdenklich.

Generell ist aber die Frage nach der Sicherheit für diese Altersgruppe sehr wichtig. Alles was hier geschieht und was ich als User über PC, Laptop oder Handy in sozialen Netzwerken

---

[82]http://www.klicksafe.de/service/aktuelles/news/detail/europaeische-kommission-appelliert-an-betreiber-so-zialer-netzwerke-kinder-besser-zu-schuetzen-/ [30.12.2012]

mache ist ein Teil meiner Identität, die mich ausmacht und die ich zu vertreten und zu schützen habe. Bekanntheit im Netz zu bekommen, ist eins der Hauptanliegen der User. Es geht aber nicht um Auffallen um jeden Preis. Vielmehr ist der sorgsame Umgang mit den eigenen Daten, je älter die User werden, umso wichtiger. Ältere Jugendliche sind sorgfältiger beim Erstellen und „Pflegen" ihrer Profile. Es wird viel mehr überlegt und geprüft. Jüngere Teilnehmer haben dieses Problembewusstsein noch nicht so stark entwickelt. Weibliche Benutzerinnen des Social Web sind noch vorsichtiger als ihre gleichaltrigen Kollegen. Die Auswahl der Bilder und der Texte, die selbst verfasst sind und die Kommentare der anderen werden sehr genau verfolgt.

Bei den Sicherheitseinstellungen bei social communities geben 48 Prozent an, sich sehr gut auszukennen. Das resultiert daraus, dass nur Schülerinnen befragt worden sind, die in eine berufsbildende mittlere oder höhere Schule gehen. In diesen Schulformen spielen das Internet und der Computer in den Unterrichtsfächern eine wichtigere Rolle als in den Pflichtschule und den allgemeinbildenden höheren Schulen. Der sichere Umgang mit diesen Medien ist also auch Teil der Schulrealität. Jugendliche fühlen sich nach Auswertung der Studienergebnisse sehr sicher in ihrer Welt, auch was die Datensicherheit betrifft. Sie geben an darüber sehr gut Bescheid zu wissen. Für sie zählt die Selbstverantwortung:

> *„Der Grundtenor lautet jedenfalls: „Wer peinliche oder*
> *unangenehme Dinge ins Netz stellt, ist selber schuld."*[84]

Dieses Zitat stammt von der bereits erwähnten Studie von saferinternet.at. Diese von der Europäischen Union unterstützte Webseite ist als Hilfestellung für Kinder, Jugendliche, Eltern und LehrerInnen gedacht im Umgang mit den neuen Medien, die auf dem Internet basieren. Alle Beteiligten brauchen Information und Aufklärung über die Gefahren und auch kompetente Information über ihre Rechte und die Möglichkeiten des Schutzes, aber auch Aufklärung über ihre Verpflichtungen und ihre Verantwortung im Internet und in Social Communities. Speziell die Schule kann vor diesen Phänomenen nicht die Augen verschließen. Hier gibt es eine große Herausforderung an LehrerInnen und an den Unterricht mit Medien. *"Die Erziehung zu Kompetenzen im Umgang mit Medien ist*

> *heutzutage außerordentlich wichtig. Sie ist so umfangreich*
> *und komplex, dass sie an dieser Stelle nicht einmal*
> *ansatzweise wiedergegeben werden kann. Doch kommt*

---

[83]   Vgl.   http://www.welt.de/vermischtes/article110103789/Der-stumme-Hilferuf-der-Amanda-Todd-15.html [30.12.2012]

darin (in der Erziehung zur Medienkompetenz) bisher das
Thema Cyber-Bullying noch nicht angemessen vor."[85]

Die Auswertung der Antworten der Landecker Studie zeigen, dass in allen Bereichen des Cybermobbings jugendliche Burschen und Mädchen betroffen waren. Von Beschimpfen, an sich selber oder bei Freunden erlebt, über Manipulation von Bildern und Videos, „Hacken" von Profilen," Blöd anmachen", bis zu Lügen und dem Verbreiten von Gerüchten und generellem Missbrauch von persönlichen Daten reicht die große Palette der Cybermobbingattacken.

Mit der Einstiegsfrage zum Thema Cybermobbing („Hast du schon mal erlebt wie, Freunde von dir im Netz beschimpft worden sind?") wurde abgetastet, ob es schon ein Sensorium für dieses heikle Thema gibt. An der Reaktion - mit 28 Prozent der Mädchen und 34 Prozent der Burschen, die diese Frage mit Ja beantwortet haben - wurde deutlich, dass Mobbing eine sehr ernst zu nehmende Größe ist und diese sehr wohl wahrgenommen wird. Mobbing bei Freunden im Internet ist ein Thema. Und es ist natürlich leichter dieses Phänomen bei anderen zu registrieren als bei sich selber. Wer will sich schon selber als schwaches Opfer erleben? Die egoistische Haltung, dass nur die „Anderen" ein Problem damit haben, erscheint eher als Schutzbehauptung.

Dass Mädchen „blöd angemacht" werden, dürften sie auch aus ihrem Offlineleben kennen, und sie gehen damit gelassener um. Der große Bereich der „sexuellen Anmache" gehört da dazu. Burschen gehen nicht so locker damit um. Bei den Burschen geht es viel um Verteidigung der Inszenierung des Eigenporträts. Hier sind die jungen Männer auch bereit selber zu Tätern zu werden, um sozial nicht an Einfluss zu verlieren. Der fließende Wechsel vom Opfer zum Täter ist ein faszinierendes und zugleich erschreckendes Element beim Thema Mobbing im Internet.

Die Problemlösungsstrategien sind vielfältig und dennoch wieder einfach. Verkürzt lässt sich feststellen, dass Jugendliche, die Mobbing im Netz erfahren, dieses Problem selber lösen wollen. Besonders bei Burschen ist es normal, dies selber in die Hand zu nehmen. Da die Täter den Opfern meistens nicht fremd sind, ist es eine gängige Praxis, sie direkt zu Rede zu stellen und auch bei Missbrauch von Videos und Fotos sofort den User, der nachteilige Sachen ins Netz gestellt hat, darauf hinzuweisen und das anstößige Material wieder entfernen

---

[84] http://www.saferinternet.at/fileadmin/files/Online_Communities_Studie/Bericht_Safer_Internet_qualit ativ_Online_Version.pdf [04.02.2012]

[85] Karl E. Dambach, Wenn Schüler im Internet mobben, Seite 32.

zu lassen. Wichtig bleibt aber der Wille, all diese Problem selbständig zu lösen. Fremde Hilfe wird nicht in Anspruch genommen. Das Selbstbild, das angegriffen wird, muss auch von einem selbst geschützt und verteidigt werden. Eltern und Lehrer und generell Schule spielen als Anlaufstelle für Hilfe bei Cybermobbing keine Rolle.

Es braucht dringend Aufklärung sowohl über die Rechte als auch über die Verpflichtungen als User in sozialen Netzwerken. Dies wird immer dringlicher, weil gemobbte Schüler sich durchaus zu wehren wissen und dabei wiederum selber zu Tätern werden. 48 Prozent aller männlichen Befragten würden mit „denselben Waffen" zurückschlagen, also genauso agieren, wie sie es als Opfer erfahren haben.

Eltern und Schule müssen zusammenarbeiten, um den Kindern und den Jugendlichen ein Instrumentarium mitzugeben, welches es ihnen ermöglicht soziale Netzwerke gut und sicher für sich zu nutzen. Eltern können ihre Kinder über Mobbing im Internet aufklären und wenn sie feststellen, dass ihr Kind Täter ist, es auffordern, diese Aktivitäten sofort einzustellen. Schule kann viele Aktivitäten zur Bewusstmachung des Problems Cybermobbing setzen. Alle Aktivitäten in der Online-Welt haben Auswirkungen auf die Offline-Welt. Außerdem kann Schule sehr konkret in allen Unterrichtsfächern das Problem Sicherheit im Internet behandeln und gleichzeitig den Umgang in sozialen Netzwerken wie auch generell die Sicherheit im Internet als Lehrstoff in den Unterricht integrieren.

René Stephan meint dazu in seinem Buch „Cyber-Bulling in sozialen Netzwerken":

> *„Nicht zuletzt sollte an dieser Stelle nochmals bemerkt werden, dass Information und Aufklärung über die Risiken im (sozialen) Internet wichtige Punkte sind, die sowohl von den Plattformbetreiber als auch von weiteren Stakeholdern konstant betrieben werden müssen. Der sichere Umgang mit sozialen Netzwerken sollte im Unterricht aller Schulen einfließen. Das erfordert jedoch auch eine Steigerung der Medienkompetenz der Lehrer, die hierfür derzeit noch nicht entsprechend ausgebildet sind."*[86]

Medienkompetenz ist gefordert. Es geht um das Erkennen der glaubwürdigen Informationen im Internet als Grundlage für eine sicheres Agieren. Damit verbunden ist die Forderung, dass der User über viele technischen Manipulationsmöglichkeiten Bescheid weiß. Ein User im In-

---

[86] René Stephan, Cyber-Bulling in sozialen Netzwerken. Maßnahmen gegen internet-Mobbing am Beispiel von schülerVZ. Boizenburg 2010, Seite 83.

ternet und in sozialen Netzwerken muss immer aktiv bleiben. Dabei geht es um das Wissen um Sicherheitseinstellungen und zugleich um das Erkennen der eigenen Grenzen, was erlaubt ist und was nicht. Als Folge davon ist der Teilnehmer an social communities angehalten sein Tun und Agieren selber einzuschätzen. Es geht hier um die Medienwirkungskompetenz:

> „Damit ist die Fähigkeit
> gemeint, die Wirkung der selbst produzierten Medieninhalte
> zu antizipieren, d.h. das Auslösen und die Konsequenzen
> von reziproken Effekten nachzuvollziehen."[87]

Alles bleibt im Netz gespeichert. Also muss der Anwender unterscheiden was er von sich im Netz preisgibt und was nicht. Bei Angriffen ist es Aufgabe des Opfers richtig zu reagieren. Das bedeutet, Kompetenz in juristischen Fragen zu erlangen. Als wichtigste Kompetenz bleibt die kritische Selbstreflexion über alle meine Aktivitäten im Netz.

Die befragten Schülerinnen und Schüler lehnen bis zu über 80 Prozent eine Hilfestellung durch Lehrpersonen ab. Diese werden generell als nicht kompetent erachtet, bei Cybermobbingproblemen als kompetente Anlaufstelle in Betracht gezogen zu werden. Dieses Ergebnis ist einerseits erklärbar und andererseits erschreckend. Es fehlt die Kompetenz der LehrerInnen an den Schulen, um Vertrauen aufzubauen und um dem Problem Cybermobbing entgegen treten zu können. Hilfsbedürftige Jugendliche können sich nur auf ihr eigenes Wissen verlassen.

In den zentralen Empfehlungen des österreichischen Projektteams, das mit den Auswertungen und Interpretationen des Ergebnissen des EU-Kids-Online-Berichtes betraut war, wird Folgendes für die österreichische Schule unter dem Punkt „Förderung der Medienkompetenz bei Kindern und Jugendlichen" empfohlen: *„Besonders wichtig,*

> *aber auch herausfordernd ist die Vermittlung von nötigen*
> *Kompetenzen zur Nutzug von Chancen und zum Umgang*
> *mit Risiken von Online-Medien an junge Menschen. Dazu*
> *erscheinen in erster Linie die Schulen geeignet, da über sie*
> *alle Kinder über sozio-ökonomisch sowie lebensweltlich*
> *relevante Aspekte hinaus erreicht 83 werden können; eine*
> *systematische Einbindung dieser Inhalte in den Lehrplan, die*
> *Öffnung von Schulen für projektorientiertes Lernen, die*
> *Ausbildung von Lehrkräften und die Unterstützung und*

---

[87] Nayla Fawzi, Cyber-Mobbing, Ursachen und Auswirkungen von Mobbing im Internet, Baden-Baden 2009, Seite 115 -116

Koordinierung durch zuständige (Schul)Behörden ist dazu Voraussetzung.[88]

Ausbildung und Fortbildung sind für die Lehrkräfte an allen Schulen gefragt. Es ist nicht damit getan, auf Weiterbildungen im Sinne von Vorträgen zu bauen. Diejenigen Lehrpersonen, die sich für Cybermobbing interessieren oder auch schon mal selbst damit konfrontiert worden sind, werden sich Wissen und Strategien selbstständig aneignen. Alle anderen müssen sich auf die Ausbildungsinstitutionen verlassen, wie z.B. die Pädagogische Hochschule, und darauf vertrauen, dass dort auf aktuelle Probleme wirksam eingegangen wird. Alle Internetplattformen, wie saferinternet.at, klicksafe.de oder die Empfehlungen der Europäischen Union, Fachliteratur und sogar Empfehlungen von Experten für das Bundesministerium für Unterricht und Kunst, weisen darauf hin, dass Unterrichtende als kompetente Ansprechpartner in den Schule gefragt sind. Sie sind diejenigen, die außer den Erziehungsberechtigten Kontakt zu jungen Menschen und deren Problemen in der Cyberwelt haben. Dass kompetente Hilfe durch gut ausgebildete Lehrpersonen an den Schulen vor Ort dringend nötig ist, ist mit vielen Studien österreichweit, auf EU-Ebene und auch mit der Landecker-Studie nachgewiesen worden.

---

[88] http://www.bmukk.gv.at/medienpool/17370/eukidsonlineabschlussbericht.pdf (Seite 97) [30.12.2012]

12. Quellenangabe

Literaturverzeichnis

Adamek Sascha, *Die Facebook Falle. Wie das soziale Netzwerk unser Leben verkauft.* München 2011.

Dambach Karl E., *Wenn Schüler im Internet mobben. Präventions- und Interventionsstrategien gegen Cyber-Bullying. München 2011.*

EIBOR Tübingen, KIBOR Tübingen (Hrsg.), *Mobbing und Cyber-Mobbing an beruflichen Schulen, Problemlagen und Interventionsmöglichkeiten, Tübingen 2010.*

Fawzi Nayla, *Cyber-Mobbing, Ursachen und Auswirkungen von Mobbing im Internet,* Baden-Baden 2009.

Jannan Mustafa, *Das Anti-Mobbing-Buch*, Weinheim und Basel 2008.

Kuphal Anna, *Soziale Netzwerke und ihre Vor- und Nachteile. Speziell: „Cyber-Mobbing".* Books on Demand GmbH. Norderstedt 2009.

Medienpädagogischer Forschungsbund Südwest (2011): *JIM Studie 2011. Jugend Information, (Multi-) Media. Basisuntersuchungen zum Medienumgang 12- bis 19- jähriger Jugendlicher. Stuttgart 2011.*

Möller Felix, *Neue Herausforderungen für die außerschulische Jugendbildungsarbeit als Reaktion auf die Mediennutzung von Jugendlichen im Web 2.0.* Norderstedt 2010.

Stephan René, *Cyber-Bulling in sozialen Netzwerken. Maßnahmen gegen internet- Mobbing am Beispiel von schülerVZ.* Boizenburg 2010.

Schmidt Jan-Hinrik, Paus-Hasebrink Ingrid , Hasebrink Uwe (Hrsg.), *Heranwachsen mit dem Social Web, Zur Rolle von Web 2.0-Angeboten im Alltag der Jugendlichen und jungen Erwachsenen.* Düsseldorf 2011.

Schneider Sylvia, *Gewalt. Nicht an unserer Schule*, Würzburg 2001.

Internetquellen

Internetseiten: Allgemein

http://ec.europa.eu/information_society/activities/sip/events/day/index_en.htm

http://eur-lex.europa.eu

http://www2.mediamanual.at

http://www.focus.de

http://www.golem.de

http://www.internet4jurists.at

http://www.liga.or.at/wp-content/uploads/korr2_Menschenrechtsbefund2012final.pdf

http://www.mpfs.de/

http://www.ris.bka.gv.at

http://www.welt.de/vermischtes/article110103789/Der-stumme-Hilferuf-der-Amanda-Todd-15.html

Internetseiten: Cybermobbing

http://handywissen.at

http://mygoogleplus.de/2011/09/google-plus-nutzerzahlen-50-millionen-nutzer

http://www.dolphinsecure.de

http://www.jusline.at

http://www.kinderrechte.gv.at

https://www.klicksafe.de/

http://www.nlm.de

http://www.oe2020.at

http://www.saferinternet.at/

http://www-static.shell.com

Internet: Studien

http://www.eukidsonline.de./img/EU_Kids_Online_II_Zusammenfassung_Germany_110117.
pdf

http://www.mpfs.de/fileadmin/JIM-pdf11/JIM2011.pdf

Internetseiten: Tirol

https://www.ph-online.ac.at

http://www.tibs.at/sites/tibs.at

http://www.tirol.gv.at/fileadmin/www.tirol.gv.at/themen/bildung/einrichtungen/medienzentrum/
bilder/LeOn/LeonFolder2012.pdf

https://portal.tirol.gv.at/lokandoweb/portal/main.php?todo=showResult

Internetseiten: Bundesministerium für Unterricht und Kunst:

http://www.bmukk.gv.at

http://www.gemeinsam-gegen-gewalt.at

Abbildungsverzeichnis

Abb. 1: http://www.mpfs.de/fileadmin/JIM-pdf11/JIM2011.pdf

Abb. 2: http://umfrage.internet-umfrage.com/admin/admin.php?action=statistics#start

Abb. 3: http://umfrage.internet-umfrage.com/admin/admin.php?action=statistics#start

Abb. 4: http://umfrage.internet-umfrage.com/admin/admin.php?action=statistics#start

Abb. 5: http://umfrage.internet-umfrage.com/admin/admin.php?action=statistics#start

Abb. 6: http://umfrage.internet-umfrage.com/admin/admin.php?action=statistics#start

Abb. 7: http://umfrage.internet-umfrage.com/admin/admin.php?action=statistics#start

Abb. 8: http://umfrage.internet-umfrage.com/admin/admin.php?action=statistics#start

Abb. 9: http://umfrage.internet-umfrage.com/admin/admin.php?action=statistics#start

Abb. 10: http://umfrage.internet-umfrage.com/admin/admin.php?action=statistics#start

Abb. 11: http://umfrage.internet-umfrage.com/admin/admin.php?action=statistics#start

Abb. 12: http://umfrage.internet-umfrage.com/admin/admin.php?action=statistics#start

Abb. 13: http://umfrage.internet-umfrage.com/admin/admin.php?action=statistics#start

Abb. 14: http://umfrage.internet-umfrage.com/admin/admin.php?action=statistics#start

Abb. 15: http://www.mpfs.de/fileadmin/JIM-pdf11/JIM2011.pdf

Abb. 16: http://umfrage.internet-umfrage.com/admin/admin.php?action=statistics#start

Abb. 17: http://umfrage.internet-umfrage.com/admin/admin.php?action=statistics#start

Abb. 18: http://umfrage.internet-umfrage.com/admin/admin.php?action=statistics#start

Abb.19: http://umfrage.internet-umfrage.com/admin/admin.php?action=statistics#start

Abb. 20: http://umfrage.internet-umfrage.com/admin/admin.php?action=statistics#start

Abb. 21: http://umfrage.internet-umfrage.com/admin/admin.php?action=statistics#start

Abb. 22: http://umfrage.internet-umfrage.com/admin/admin.php?action=statistics#start

Abb. 23: http://umfrage.internet-umfrage.com/admin/admin.php?action=statistics#start

Abb. 24: http://umfrage.internet-umfrage.com/admin/admin.php?action=statistics#start

Abb. 25: http://umfrage.internet-umfrage.com/admin/admin.php?action=statistics#start

Abb. 26: http://umfrage.internet-umfrage.com/admin/admin.php?action=statistics#start

Abb. 27: http://umfrage.internet-umfrage.com/admin/admin.php?action=statistics#start

Abb. 28: http://umfrage.internet-umfrage.com/admin/admin.php?action=statistics#start

Abb. 29: http://umfrage.internet-umfrage.com/admin/admin.php?action=statistics#start

Abb. 30: http://umfrage.internet-umfrage.com/admin/admin.php?action=statistics#start

.Abb. 31: http://umfrage.internet-umfrage.com/admin/admin.php?action=statistics#start

Abb. 32: http://umfrage.internet-umfrage.com/admin/admin.php?action=statistics#start

Abb. 33: http://umfrage.internet-umfrage.com/admin/admin.php?action=statistics#start

Abb. 34: http://umfrage.internet-umfrage.com/admin/admin.php?action=statistics#start

Abb. 35: http://umfrage.internet-umfrage.com/admin/admin.php?action=statistics#start

Abb. 36: http://umfrage.internet-umfrage.com/admin/admin.php?action=statistics#start

Abb. 37: http://umfrage.internet-umfrage.com/admin/admin.php?action=statistics#start

Abb. 38: http://umfrage.internet-umfrage.com/admin/admin.php?action=statistics#start

Abb. 39: http://umfrage.internet-umfrage.com/admin/admin.php?action=statistics#start

Abb. 40: https://portal.tirol.gv.at/lokandoweb/portal/main.php?todo=showResult

Abb. 41: im Besitz des Autors